伊藤古鑑著

合掌と念珠の話

――仏教信仰入門――

大法輪閣

十二合掌の印図（本文二十一頁参照）

(一)

堅実心合掌

(二)

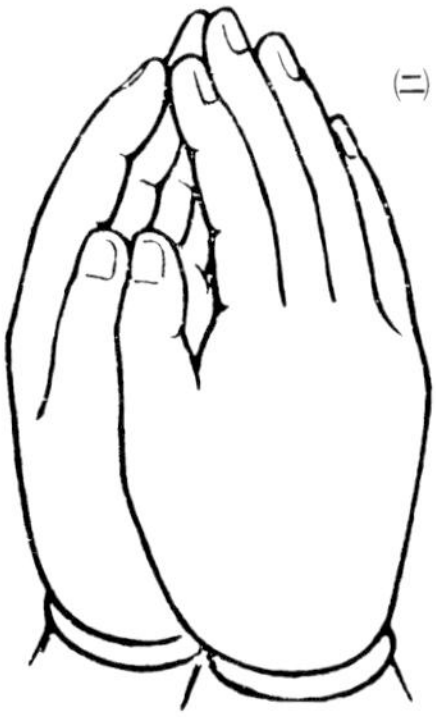

虚心合掌

(三)

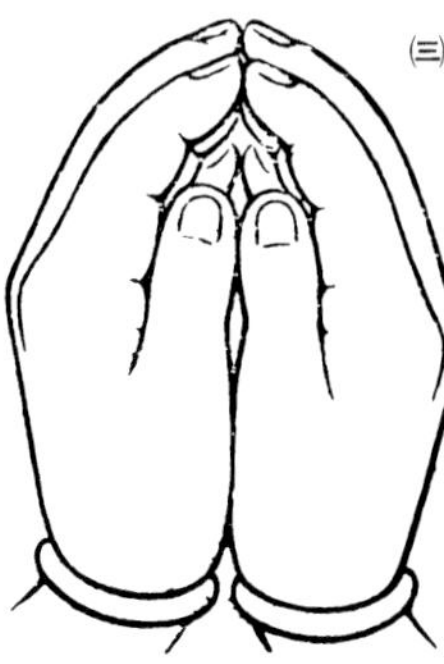

未敷蓮華合掌

(四)

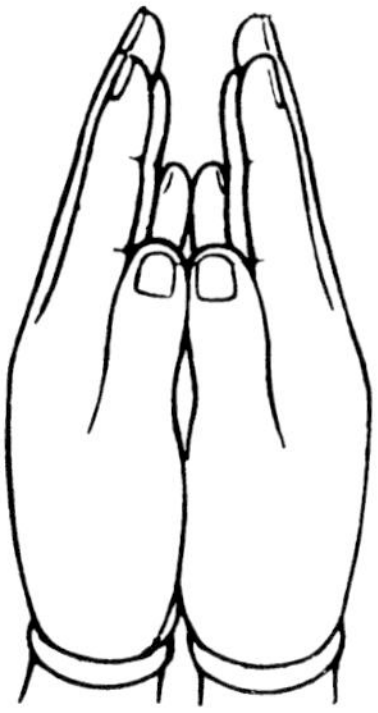

開初割蓮華合掌

(五)

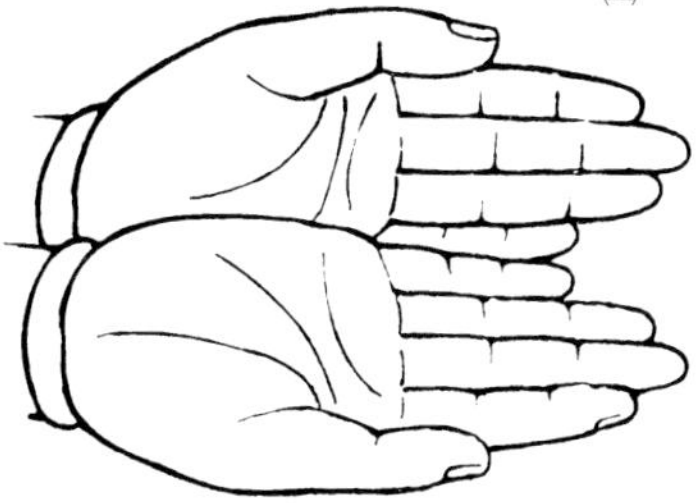

顕露合掌

(六)

持水合掌

(七)

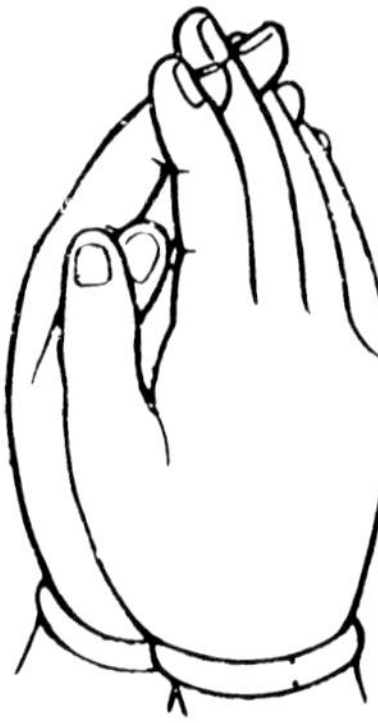

帰命合掌

(八)

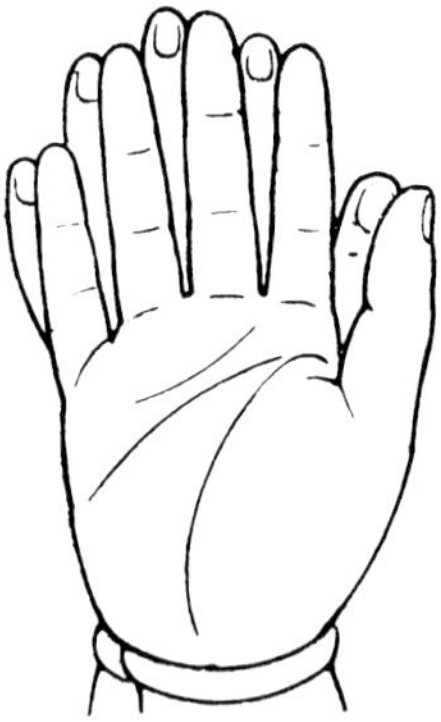

反叉合掌

(九)

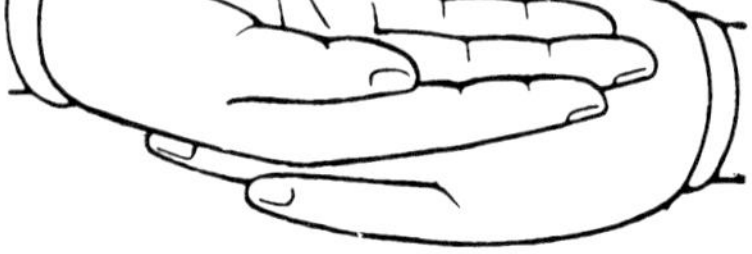

反背互相着合掌

(十)

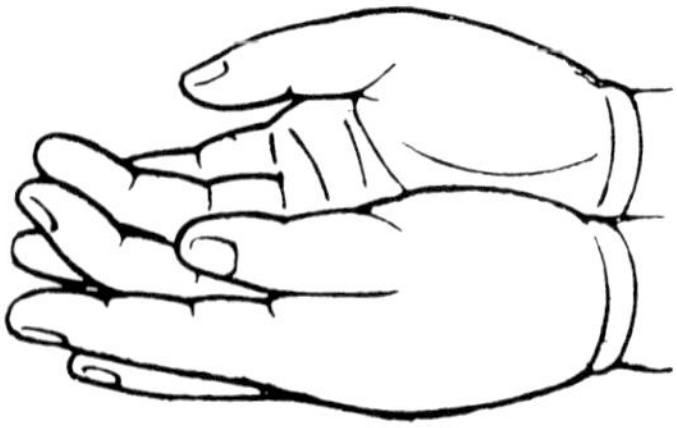

横拄指合掌

(十一)

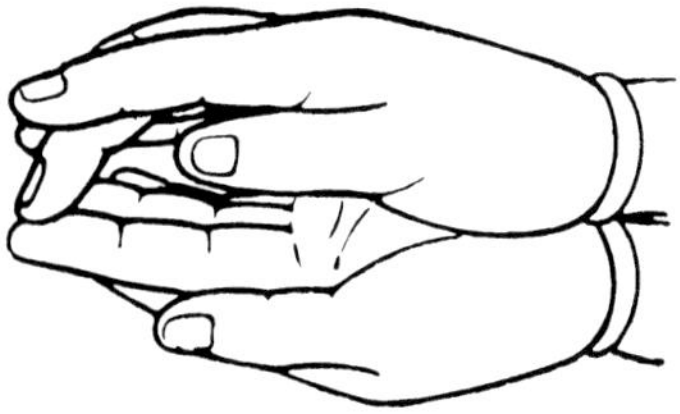

覆手向下合掌

(十二)

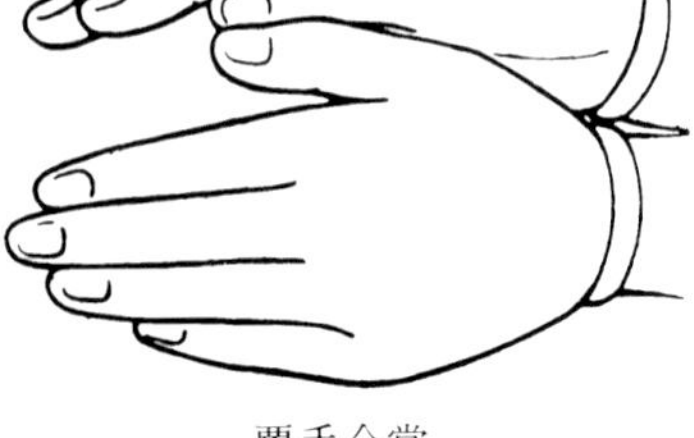

覆手合掌

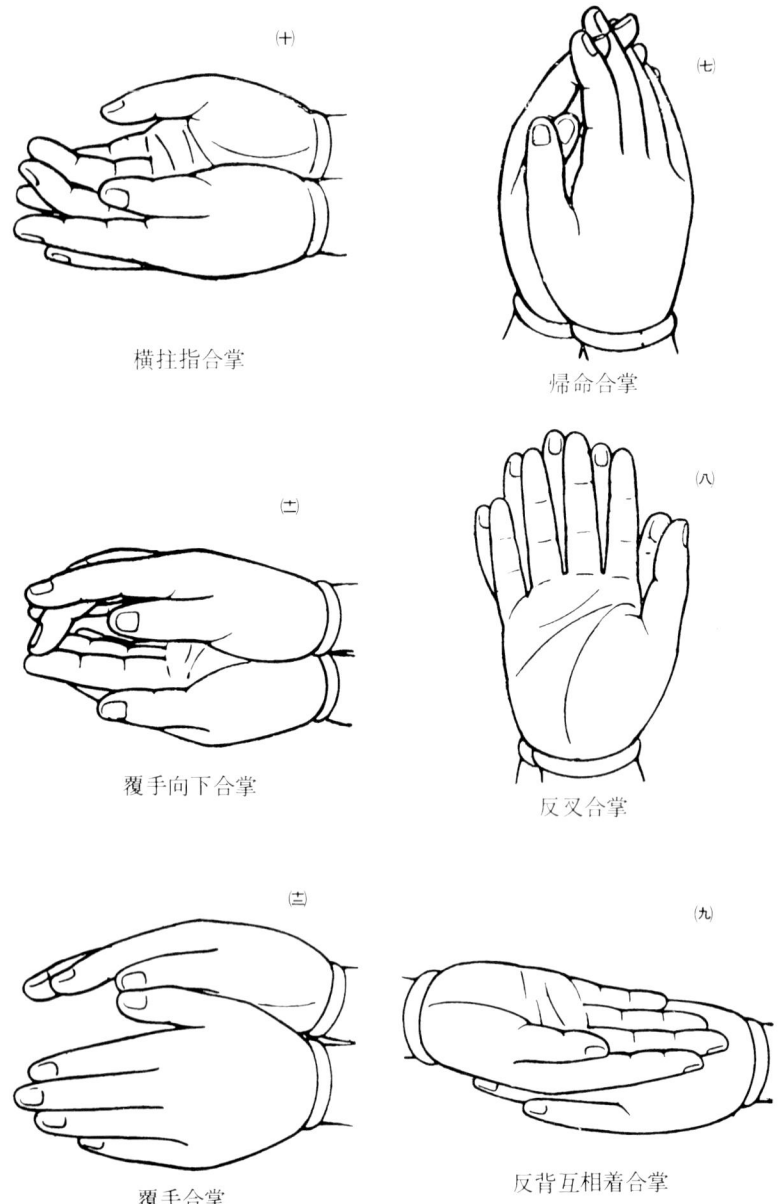

両掌十指の表示（本文四二頁参照）

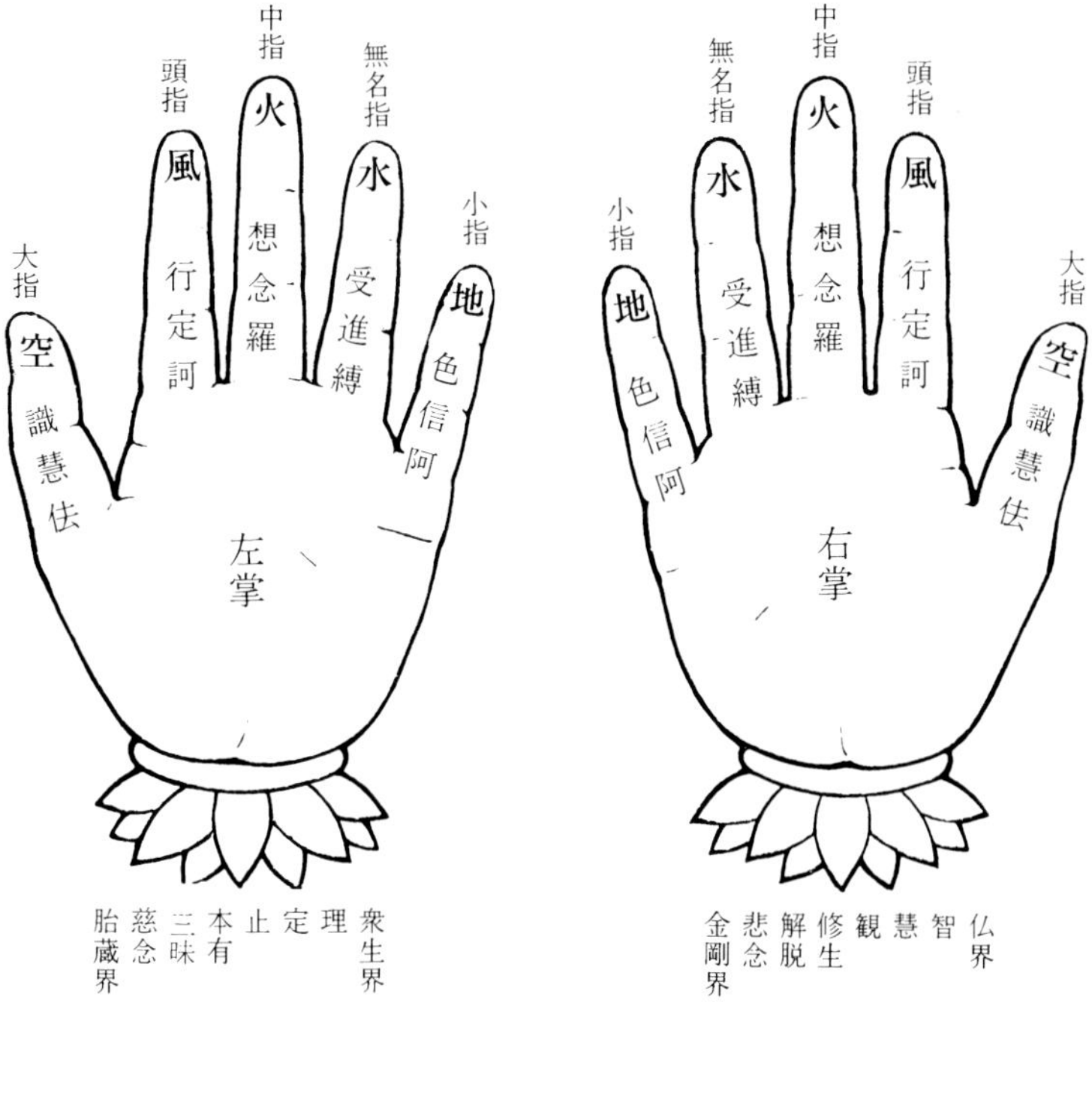

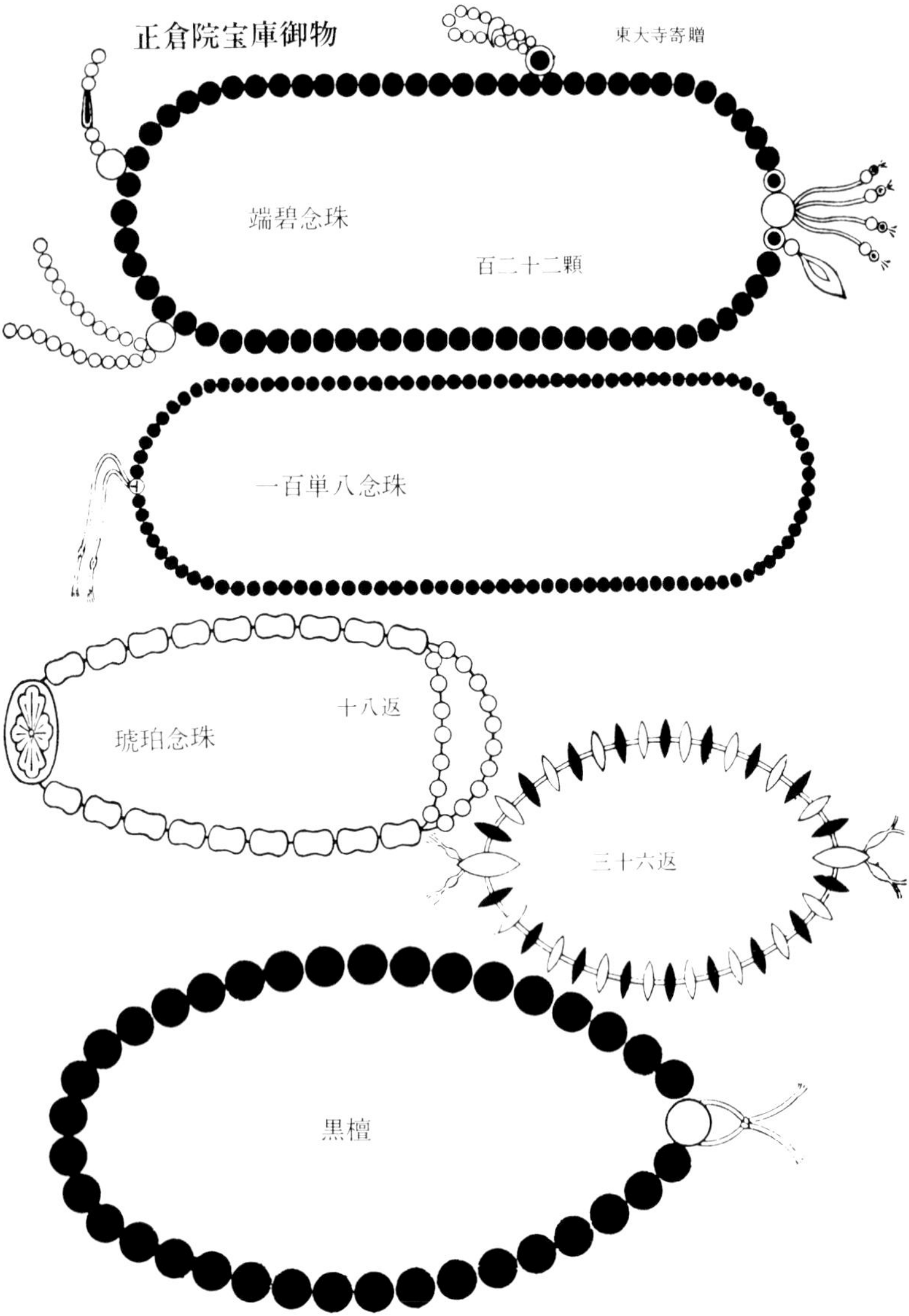
正倉院宝庫御物
東大寺寄贈
端碧念珠
百二十二顆
一百単八念珠
十八返
琥珀念珠
三十六返
黒檀

聖徳皇太子御所持蜻蛉金剛子念珠之図

本文八三頁参照

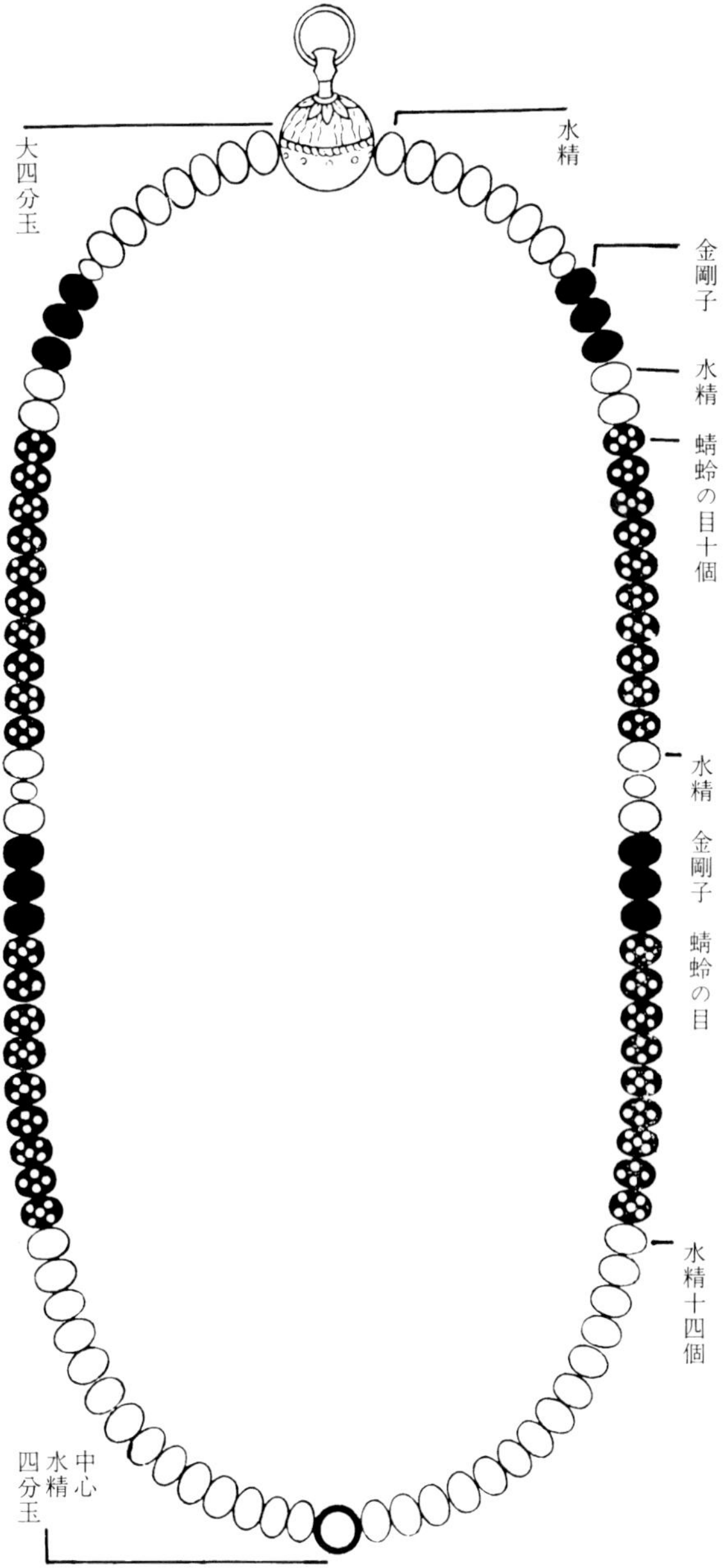

唐朝皇帝より弘法大師へ御下賜の菩提子念珠

本文八四頁参照

弘法大師唐朝青龍寺恵果和上より御請来

皆水晶念珠一百八果貫線赤色

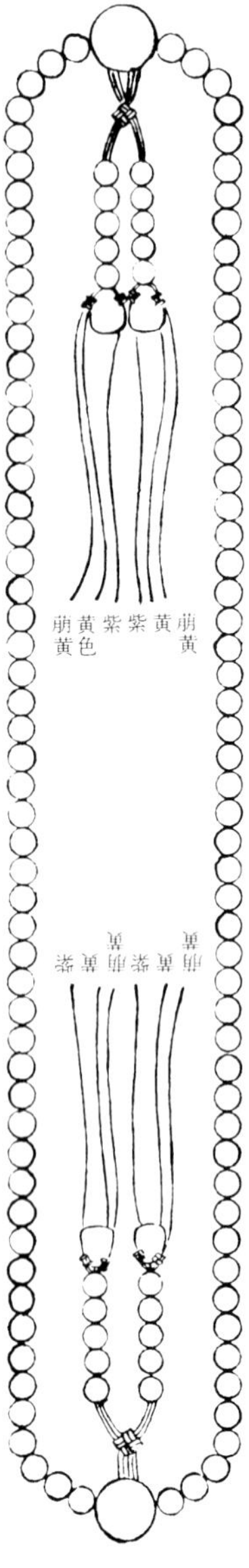

慈覚大師御請来五部念珠

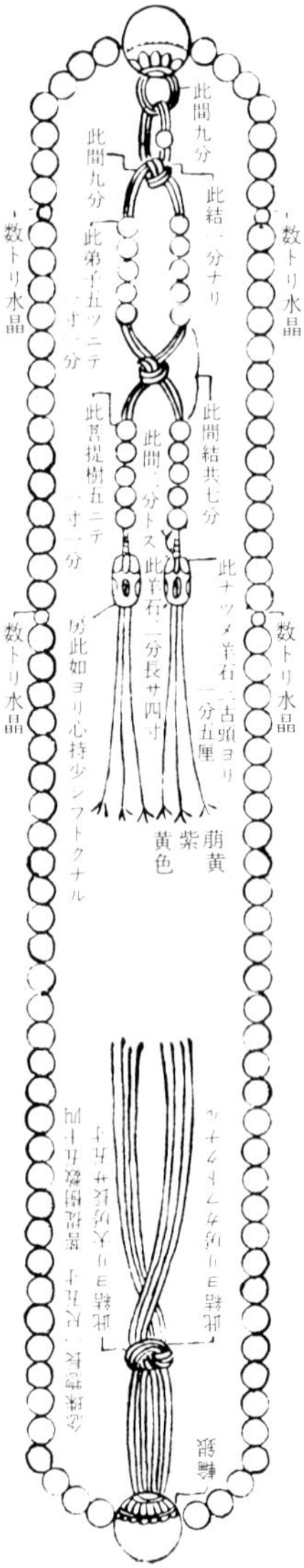

圓光大師御伝授の平玉念珠之図

⦿四天並に親玉を除て百八数なり

○惣丈九寸五分

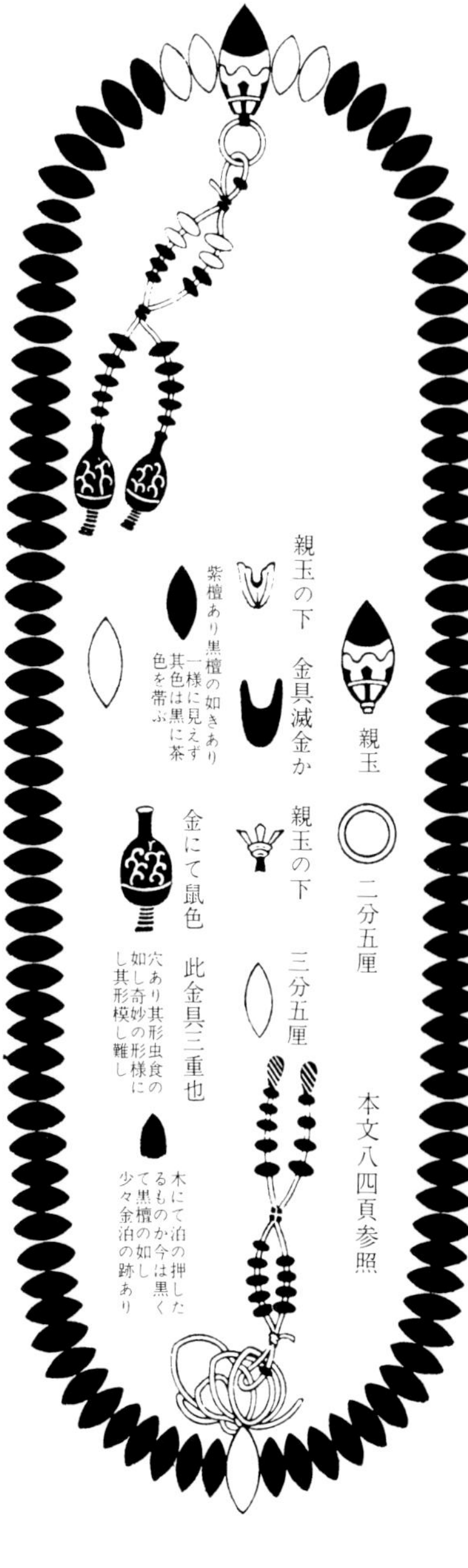

見真大師御伝授の水精霊木念珠之図

親玉二顆記子四天浄名並玉都て四十三顆は水精にして其他は霊木なり

本文八四頁参照

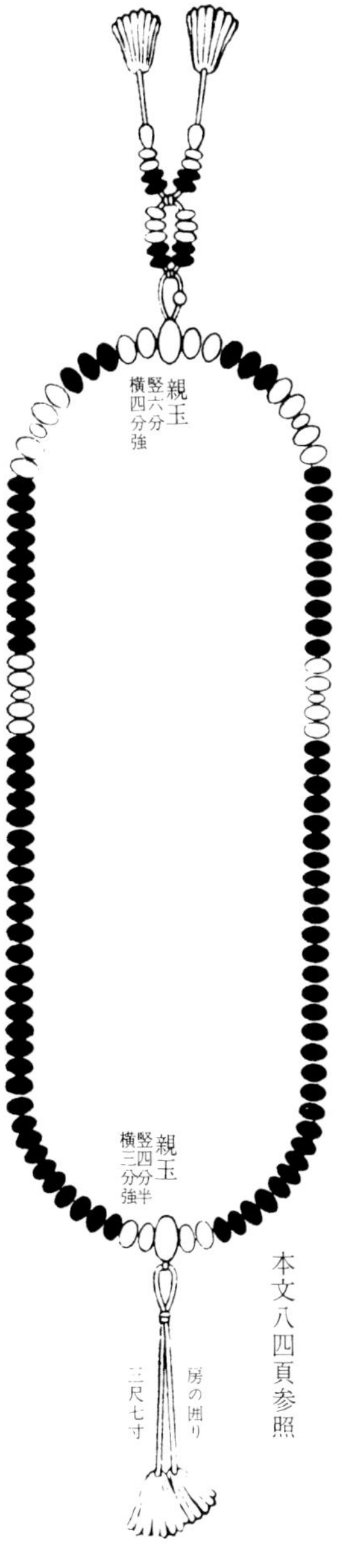

百八念珠の表示

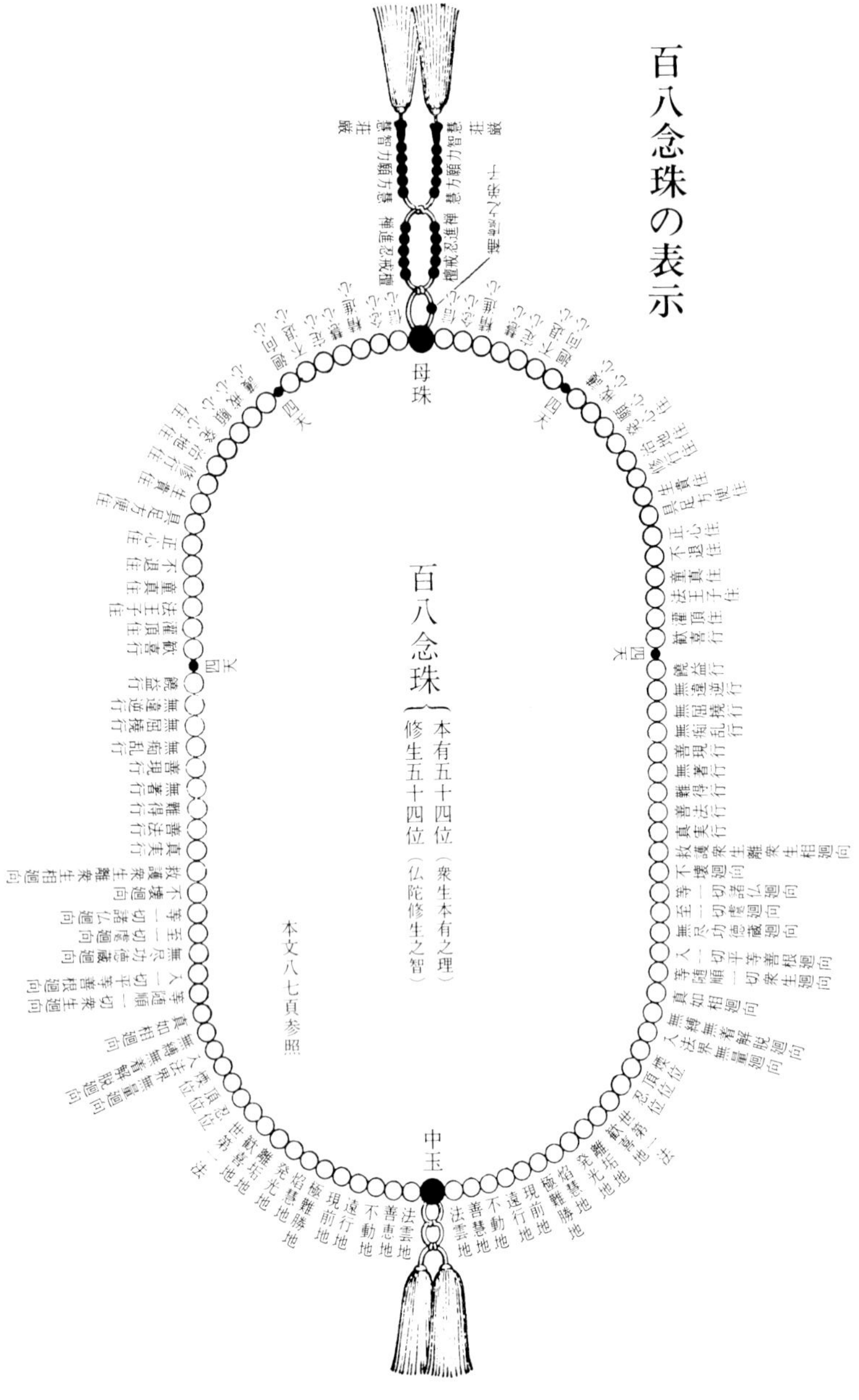

母珠
中玉
四天
四天
四天
四天
百八念珠
本有五十四位（衆生本有之理）
修生五十四位（仏陀修生之智）
本文八七頁参照
檀戒忍進禅
慧方力願智
檀戒忍進禅
慧方力願智
信心
念心
精進心
慧心
定心
不退心
廻向心
護法心
戒心
願心
発心住
治地住
修行住
生貴住
具足方便住
正心住
不退住
童真住
法王子住
灌頂住
歓喜行
饒益行
無違逆行
無屈撓行
無痴乱行
善現行
無著行
難得行
善法行
真実行
救護衆生離衆生相廻向
不壊廻向
等一切諸仏廻向
至一切処廻向
無尽功徳蔵廻向
入一切平等善根廻向
等随順一切衆生廻向
真如相廻向
無縛無著解脱廻向
入法界無量廻向
煖位
頂位
忍位
世第一法
歓喜地
離垢地
発光地
焔慧地
極難勝地
現前地
遠行地
不動地
善慧地
法雲地

仏教各宗の念珠

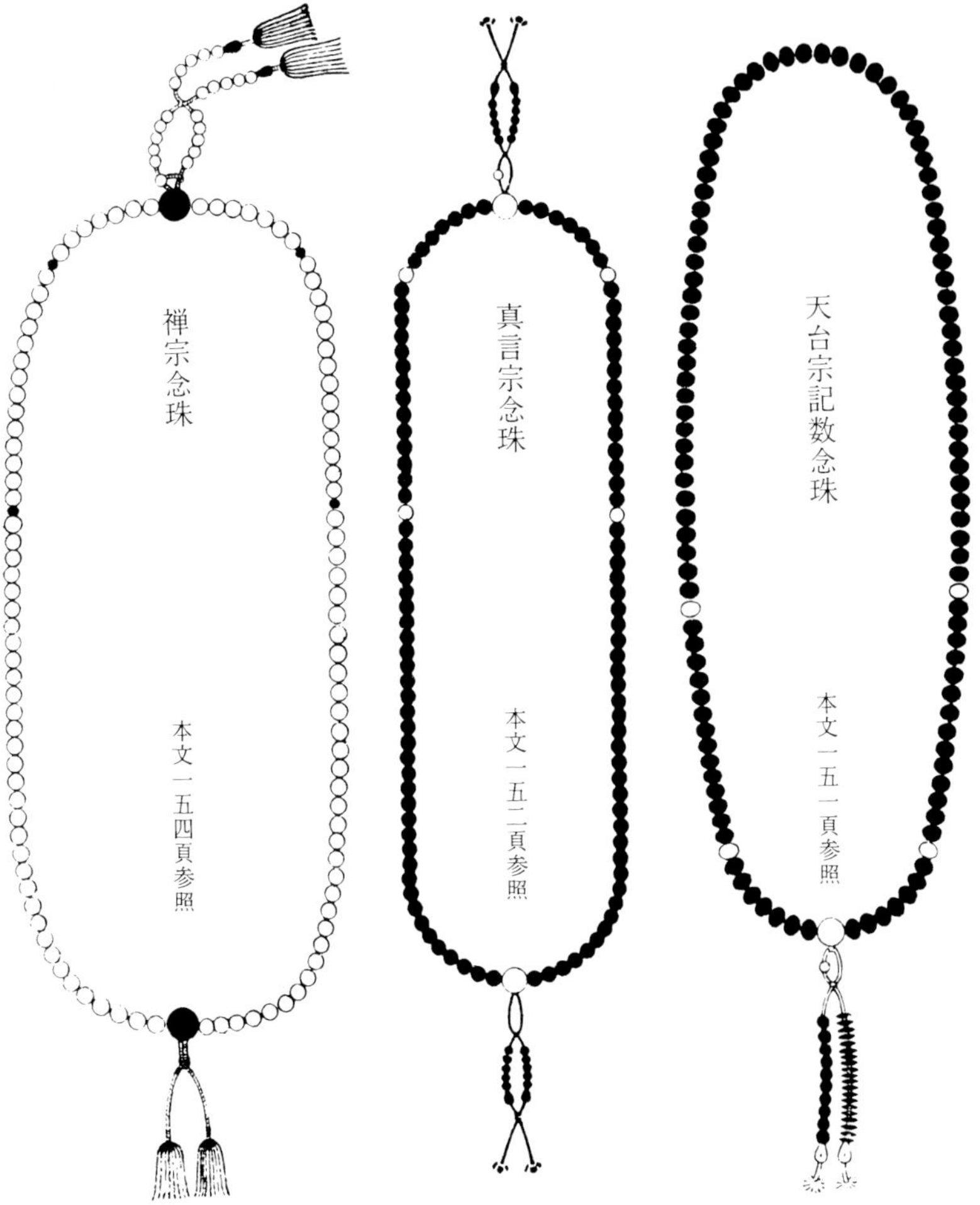
禅宗念珠
本文一五四頁参照
真言宗念珠
本文一五二頁参照
天台宗記数念珠
本文一五一頁参照

仏教各宗の念珠

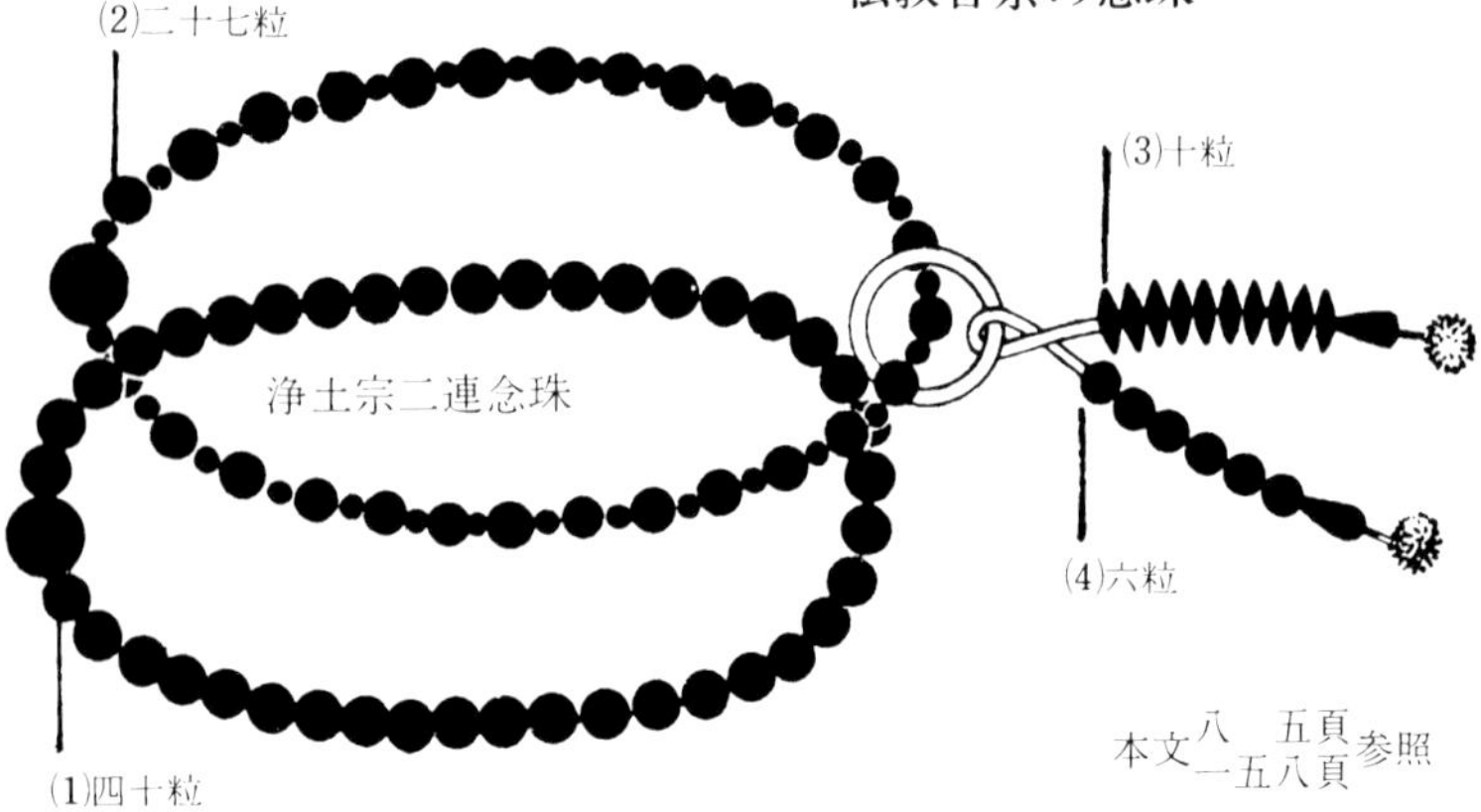

本文八五頁 一五八頁参照

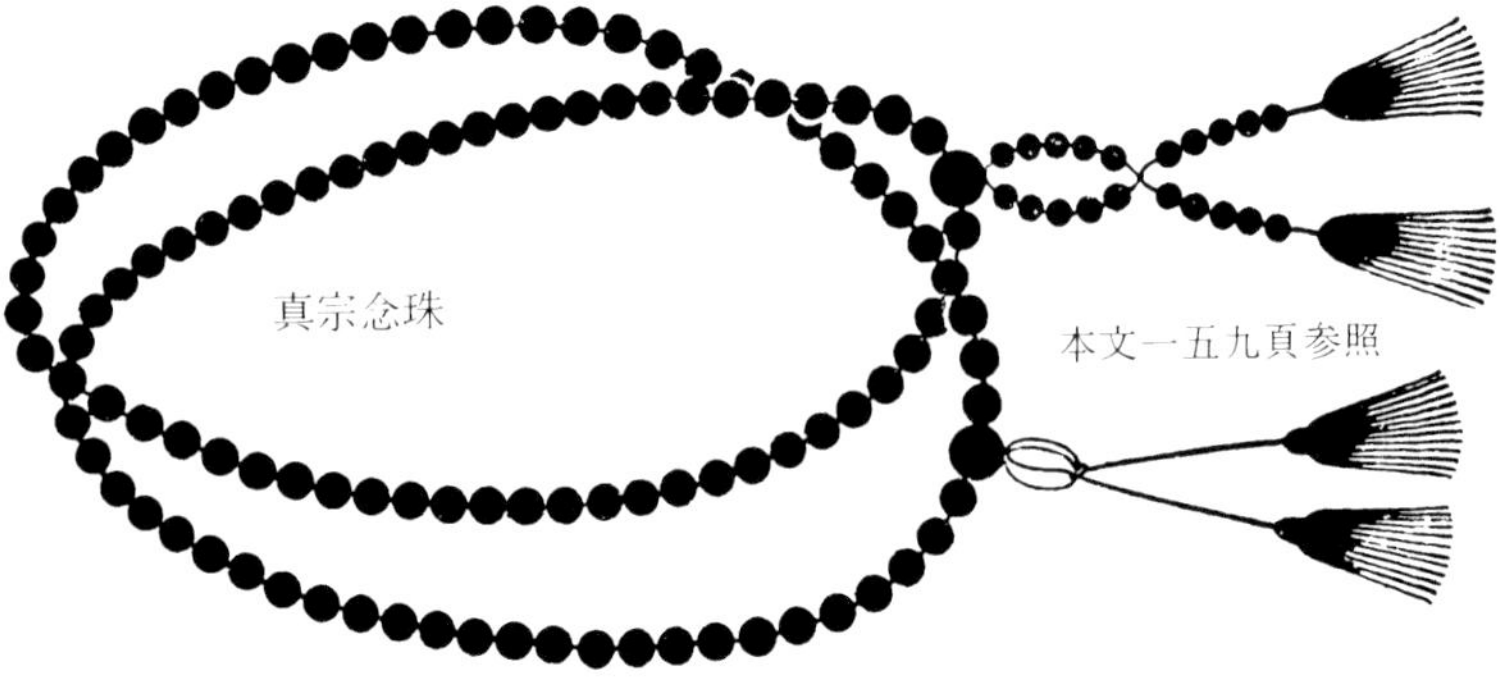

本文一五九頁参照

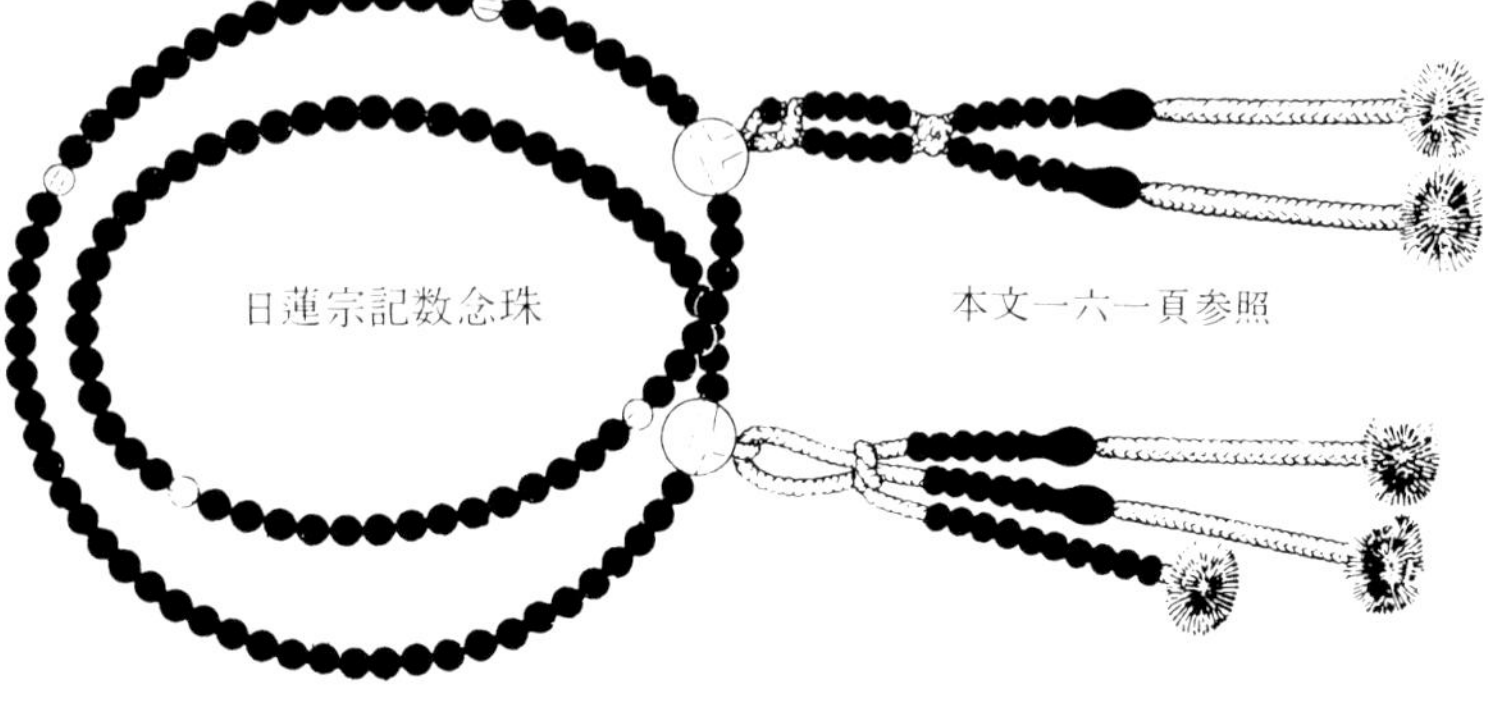

本文一六一頁参照

日蓮宗珠数曼荼羅

本文一六一頁参照

目次

第一篇　合掌のお話

目次

第二篇　念珠のお話

目次

口絵目次

合掌と念珠の話

本書は昭和八年九月、東京・森江書店より刊行された『合掌の仕方と念珠のお話』を新かなづかいに改めて改訂新版としたものである。

第一篇　合掌のお話

手《て》を合《あ》はせ仏《ほとけ》を祈《いの》り祖《そ》に誓《ちか》ひ
ふみしめて行《ゆ》け法《のり》の細道《ほそみち》

第一章　信仰と合掌

一　信仰上のお話は実地に感ぜねばならぬ

信仰上のお話は、耳に聞いたり、本を読んだりしたばかりでは駄目であります。実地に我が心に感ずるということが何より大切なことであります。実地に感じたところが初めて活きた信仰となるのであります。

しからば、何を実地に感ずるのかと云えば、それは如実《にょじつ》に自己というものを感ずることであります。自己というものの真相を、まじめに感ずることであります。ほんとうに自己の真相を知り、自己というものの運命は、いかに成り行くものであるかということを、心から感ずるのでなくては、まじめな信仰の門に入るということは出来ないのであります。もちろん、ほんとうに自己の真相、自己というものの運命を感ずるということは容易なことではありません。ただ我々お互いは眼前《がんぜん》の事のみに走って、花よ、酒よ、名誉よ、黄金よと、浮世の事ばかりに執着するのが常であります。

昔、釈迦牟尼如来《しゃかむににょらい》の時代に、ある夫婦の家がありました。お隣りから餅《もち》を七ツ貰いましたので、三ツずつ食べて、その残りの一ツが問題になりました。それは誰が食べるのかということについて、やかましく議論しました末、夫婦のものが黙っていて、どこまでも黙り抜いたものが、餅を戴《いただ》くことにしようということに決議しました。そこで夫婦のものが、餅を真中にして睨《にら》み合い、一口《ひとくち》でも物を云ったら片一方のものが、それを食うということにしました。ところが、始めの間は睨み合っていたけれども、だんだんと夜は更《ふ》けて行き、そのうちに夜盗《やとう》が這入《はい》って来ました。それでも夫婦のものは黙っていたのであります。すると、夜盗がボッボッとその辺の道具をみな風呂敷に包みかけたのでありますが、しかし亭主は少しも物を云いませぬ。自分の財産を他人の風呂敷包みに入れられても、なかなか物を云いません。ところが、今度は簞笥《たんす》を開けて、妻君の着物を引き出しましたので妻君はビックリして、「どうぞ、私の着物だけは許して下さい」と騒ぎ立てたので、夜盗も肝《きも》を潰《つぶ》し、妻君のものは一物も盗らずに、亭主の物ばかり持って逃げたのであります。すると、亭主はしたり顔して「この餅は俺のものだ」と云って食べたという話が経典に出ております。これはもとより釈尊の巧妙《こうみょう》な例話であって、これを読む人は誰しも「馬鹿な亭主である」と笑う人ばかりでありましょうが、その実は多くの我々お互いが、この種のことをやっているのであります。これはつまり黙って餅だけは得られたが、自分の死後まで、永久に幸福であるべき全財産を失ったことであります。すなわち、眼前の小さな利益のために、未来永劫《えいごう》の大なる功徳利益を忘れることが多いということを、お示しになったものであります。故《ゆえ》に、我我は、眼前の事のみに走って、浮世の僅かな楽しみに耽《ふけ》っていては駄目であります。

二　浮世の真相——自己の運命

たとえ、我々お互《たが》いが、自己の運命とか、浮世の真相とかを、如実に感ずると感ぜぬとに論なく、この浮世の真相は無常なものであります。一刻一刻と時計の針が刻むのと同じく、一刻一刻と自己の運命に逢着《ほうちゃく》する時期が到来するのであります。出る息、入る息の一つが止まった時、そこが終極の運命であるにも拘《かかわ》らず、眼前の僅かな事ばかりに執着して、未来永劫の安処を忘れているのでありますが、実に返す返すも残念なことではありませんか。しかも、これが我々お互いの少しも気付かぬところなのであります。

ところが、如来《にょらい》大悲のお光りは、常に我々にお示し下さるのであります。それは云うまでもなく、我々日常の問題の上に輝いているのであって、人生は無常なものである。自己の運命は哀れ果敢《はか》ないものであるということをお示し下さるのであります。すなわち、夫に先き立たれた人、妻に死に別れた人、最愛の子に別れたとき、自分が病気になったとき、いろいろの災厄《さいやく》に遭ったとき、すべてが思う通りにならぬとき、それらの逆境のときが、ことごとく人生の無常に眼《まなこ》を注がしめ、如来大悲の霊光を迎える警鐘となるのであります。

三　信仰心を求むるには合掌せよ

人生の無常や自己の運命は、ただ聞いたばかりでは、ほんとうに感ずることは出来ません。骨身にきざみつける程に知るということは出来ないのであります。真に人生は無常である。はかないものであるということを、いかに千遍万遍聞いたとて、ただ一人の愛児を失った親の方が、骨身にきざみつけて知っておるのであります。実地ということが一番に勝れた知識であります。恩愛のきずなの離れ難いということも、如来大悲の霊光がいかに尊いかということも、理窟だけではほんとうに知ったとは云われません。子に先き立たれた親にして、始めて会得することが出来るのであります。この点から云いますると、世上の諺《ことわざ》の如く「先き立つ人は善知識《ぜんちしき》」と云うことが分るのであります。今までは仏とも法とも知らず、未来とも後生とも知らなんだ人が、子に先き立たれたということによって、痛切に浮世の真相を悟《さと》り、自己の運命をまじめに感じ、如来大悲の霊光を初めて知って、手を合わせ、心から拝むということに成ったというのは、これ遍《ひと》えに我が子が善知識となったという証拠ではありませんか。

四　合掌は仏教の全体である

『維摩経仏道品《ゆいまぎょうぶつどうほん》』というお経に、

高原陸地に蓮華を生ぜず、卑《ひ》湿《しつ》淤《お》泥《でい》に乃《すなわ》ち此の華《はな》を生ずるが如く、煩悩の泥中に、乃ち衆生あって、仏法を起こすのみ。

と云っておりますが、実に有り難いお経文ではありませんか。よくよくこのお経文を味あわねばなりません。真実の信仰心というものは順境の人には先ずないと云って良ろしい。夫に死に別れ、妻に先き立たれ、最愛の子供をなくしたとか、あるいはその身が病気になったとか、災厄《さいやく》に遭ったとかいうような逆境の人に、ほんとうの信仰心があり、心からみ仏を拝む心になれるのであります。却《かえ》って金殿玉楼に棲《す》む百万長者よりも、小屋裏屋に棲む、その日稼ぎの人が、お粗末な仏壇の前に、手を合わせ、ぬかずき、一心に我れを忘れて唱名念仏《しょうみょうねんぶつ》している方が、どんなに尊いものでありましょうか。実に泥中の蓮華であると、私は深く感ずるのであります。

五　合掌の姿は尊い

人は総《す》べて外見の立派なことを望むものでありますが、外見よりも、その内面に深く潜《ひそ》んでいる信仰心の美しさを求めなければなりません。いかに外見が立派であっても、その内面が空虚であっては、所詮《しょせん》それは藁《わら》人形にも劣ると云うものであります。信仰心のある人、ほんとうに心から合掌することの出来る人は、実に尊い人であります。有り難い人であります。その尊さ、有り難さは、何物もこれには及ばぬので、いろいろの言葉や、考えを遠く超越した最上無比のものであります。この最上無比の信仰心を求めるには、先ず合掌の形であります。始めは形の上に合掌して、努《つと》め努めて合掌する間に、漸次《ぜんじ》に合掌の心が、そこに培《つちか》われてゆくのであります。そして合掌の心が培われると同時に、また更に合掌の姿となって顕われ、内面も外見も、共に合掌の有り難い、最上無比の姿となり得るのであります。故に合掌は仏教の始終であり、終始を一貫する核心であって、仏教の全体となるものと信じております。

つねに、合掌とは礼拝の時にのみ用いる一の形と解釈せられておりましたが、私はそのような狭い意味のものではなく、少なくとも、我々仏教信者にとっては、合掌に依って、その内面生活の全体を表現し得るものと思うのであります。

僅かに五本の手、僅かに両の掌《たなごころ》ではありますけれども、そこに、我々の内面生活の全体が表現されるのであります。合掌のときには、おがみます。ぬかずきます。跪《ひざまず》きます。他のいろいろのことを思わないで、ただ一心にみ仏を礼拝するとき、両の掌は合わされ、五本の手は正しく舒《の》べられて、そこに信の心を孕《はら》みます。相手のあらゆるものの価値を見出して、そのものの尊さを知ることが出来るのであります。ものの尊さ、有り難さを知ることが出来るところに、純真の宗教的信仰を体験することが出来るのではありますまいか。

ほんとうに合掌することの出来る人は、尊い人であります。ほんとうにみ仏を拝むことの出来る人は、有り難い人であります。この尊い有り難い宗教的信仰に活きる人に導くには、先ず最初に、この合掌を勧めなければならぬと思うのであります。

六　須《すべか》らく内面生活を反省せよ

もちろん、合掌は我々身業《しんごう》の一部分であります。五体の中の一小部分に於ける形式に過ぎぬものであります。故に、その形式だけを切り離して見るときには、全く無意味のものとなるのであります。その無意味と云うところに、我々は常に、深く反省しなければならぬ大切なことがあるので、決して、それを無意味に片付けてはならぬと努力するのであります。

すなわち、合掌というものは、内面生活の信仰《しんこう》を形式にあらわしたものでありますから、ただ単に、その形式だけをあらわして、内面生活が空虚であってはならぬのであります。故に、合掌するものは、直ちに内面生活の信仰そのままのあらわれでなくてはならぬのであります。我々は、先ず第一に、自己の内面生活に向って、深い深い反省を求め、厚い厚い信仰心を以って充実せしめなければならないのであります。

七　自己の低いところにいることを自覚せよ

その内面生活の反省には、自己の低いところにいるということを悟らねばならぬのであります。まだまだ遠く及ばないものであると、へりくだるこころを持たなければならぬのであります。そのへりくだるところに、ある尊いもの、有り難いものを知って、礼拝恭敬のこころを表現する態度となり、跪《ひざまず》き、ぬかずき、合掌の姿となってあらわれるのであります。

この合掌の姿こそ、実に地上の我等に許された、もっとも尊い、そしてまたもっとも奥ゆかしい、ほんとうにみ仏のお姿と云えるものは、ただこれのみであると信じております。この浅《あさ》ましい地上の凡夫は、常に争闘《そうとう》する、いがみ合う、互いに相手のものを突き飛ばそうとするのでありますが、この醜《みにく》い我々の心にも、こうした合掌の姿のところに、総べての心が懺悔され、浄化されるものであります。直ちに、み仏のお心と通じて、一切の罪障《ざいしょう》も一時に消え失せ、この地上に、み仏のお姿を表わすことが出来る、もっとも尊い、もっとも奥ゆかしいものは、この合掌の姿であると思うのであります。

故に、合掌は仏法に入るにも、最初の尊い姿であると共に、また仏法の全体を悟り得たみ仏のお姿も、また合掌に依ってのみ表現されるのであります。すなわち、合掌は、まことに仏教の始終であり、仏教の核心であり、仏教の全体であると云わねばなりませぬ。殊に低い低いところにおる我等は、先ず仏法に入る前に是非とも此の場合の尊いことを勧めなければならぬと思うのであります。

これより以下、少しく合掌に関して、私の知った範囲に於て、いろいろのことを述べてみたいと思うのであります。どうかただ、読むということだけでなしに、一歩でも、ほんとうに合掌するということを実行し、み仏のお姿を、こころの底からおがんで頂きたいのであります。

第二章　合掌の本義

一　合掌は印度の作法である

合掌とは印度に於ける礼儀作法の一であります。日本に於けるお辞儀であって相手のものの尊さ、有り難さを知って、心から頭を下げることであります。中国に於ける拱手《こうしゅ》、西洋に於ける握手と同じ心であって、合掌は文字に表われている如く、両の掌《たなごころ》を一心に合わせることであります。すなわち、中国の天台智者大師《てんだいちしゃだいし》は『観音経義疏《かんのんぎょうぎしょ》』に、そのことを述べて、

合掌とは、此の方（中国）には拱手《こうしゅ》を以って恭となし、外国（印度）には合掌を以って敬《けい》となす。手は本、二辺なり、今合して一となす。敢《あ》えて散誕《さんたん》せず、専《もっぱ》ら一心に至ることを表わす。一心相当するが故に、此れを以って敬を表わすなり。

と云って、合掌の印度に於ける礼儀を説かれております。故に、内心に於ける一心の表示であって、形の上に両の掌を合わせ、相手のものを心から敬わねばならぬのであります。決して両の掌を開き、如何にも、だらしのないというような姿を見せて、心に軽蔑の念を抱いてはなりません。

二　合掌は正しく両掌を合すべし

まっすぐに、両の指頭《ゆびさき》を伸ばして、丁寧に合わすのであります。掌も、指頭も共に合わせて、少しでも開いては、合掌の本義に契《かな》わないのであります。『法苑珠林致敬篇《ほうおんじゆりんちけいへん》』にも、委《くわ》しく合掌の本義を述べて、

当《ま》さに一心ならしめて、十指の爪掌《そうしょう》を合わせ、釈師子《しゃくし》を供養すべし、あるいは云う、「手を叉《まじ》えて仏に白《もう》す」とは、みな是れ容《かたち》を歛《つつし》みて恭《きょう》を呈《てい》し、心を制して馳散《ちさん》せしむることなかれ。しかるに心使《しんし》（心が、いろいろに散ること）防ぎ難し、故に制して掌を合わせ、一心ならしむ。

と云っておりますが、これに依って見ましても、合掌の本義は内心の統一であって、少しも余念を交えず、心をして他に散らしめず、ただ一心に合掌するところに、自己の内心を統一させることが出来るのであります。『資持記《しじき》』にも「合掌は心想を定むるなり」と云って、他へ内心を馳散《ちさん》せしめない一向専念の姿であると示されております。

三　高低ところを得て合掌せよ

ただ表面に合掌の姿を表わしましても、内心が統一されておらないものは、それは合掌の本義

に契《かな》っているとは申せません。内心に統一されておらないものは、あるいは両の掌が空虚になったり、あるいは両の指頭が開いたり、あるいは両の手が高低に合わさって、いかにも、だらしのない姿がそこに表われるのであります。故に『日用軌範《にちようきはん》』にも、それを注意して、合掌は、手指参差《しゅししんし》（高低のこと）することを得ざれ、須《すべか》らく胸に当《あ》つべし。高低そのところを得、手を以って口辺《こうへん》に托《たく》することを得ざれ。

と示されております。俗に「拝《おが》み倒《たお》す」と申しまして、自分の頭の上へ手を上げて合掌し、合掌したまま、手を上げたり下げたりして、一生懸命に拝む姿を表わすのは、いかにも一向専念《こうせんねん》の姿があらわれて、合掌の本義に契うように思われますが、それは決して褒《ほ》めた態度ではありません。頭を上げたり下げたり、あるいは合掌の手を摩《す》ったりするのは、決して内心が統一した姿というのではなく、ただ無闇に拝み倒すという態度で、恰《あた》かも乞食が、物を貰おうとして、路《みち》の傍《かたわら》に跪《ひざまず》き頭を無闇に下げて、呼びかけるのと少しも変りはありません。寧ろ賤しい態度で大いに慎まねばならぬことでありましょう。必ず手を合わせるには、高低そのところを得て、手を以って口辺を掩《おお》ってはなりません。口の前で合掌するのは、恰かも内心に嫌気を生じ、欠伸《あくび》の出るのを、こらえているが如き態度で、これまた大いに慎まねばならぬことでありましょう。

内心さえ、おがむ心になっておれば良いと思い、外見のことをやかましく云わないのは、間違った考えというものであります。殊《こと》に初心の間は、努め努めて、外見の合掌を丁寧に合わせなければなりません。内心に深く信ずるところがあって、相手のものの尊さ、有り難さを知ったならば、必ず外見にも、真の合掌の姿が表われるものであります。すなわち、外見に真の合掌の姿が表われておらないのは、その内心に、相手のものを軽蔑しているからであります。故に『釈氏要覧《しゃくしようらん》』にも、それを注意して、

もし指合して、その掌合わせざるものは、良く心慢《こころまん》にして、情の散ずるに由《よ》るが故なり、必ず須《すべか》らく指掌相着《しじようあいつ》けて、虚ならしめざるべし。

と示されておりますから、どこまでも、初心の間は、外見をやかましく云って、合掌の本義に契《かな》うよう、努《つと》めなければなりません。

合掌の本義に契わない合掌は、相手のものの尊さ、有り難さを知らない人であります。心から信仰することの出来ない表示であって、表面だけは合掌していても、内心には憍慢であるがために相手を軽蔑した合掌の姿となって表われるのであります。故に、このような不遜な態度に出ず、一心に両の掌《たなごころ》と、両の指頭《ゆびさき》とを正しく合して、跪き、ぬかずき、合掌の姿とならなければならぬのであります。

四　合掌は自己内心の表示

しからば、合掌の本義は、両の掌と、両の指頭とを正しく合すれば、それで充分であるかと云うに、なお合掌の位置について、いろいろと注意しなければならぬのであります。ただ合掌しているからと云って、前にも注意した如く、頭の上まで持ち上げて合掌するのは本義でありません。また口を掩ったり、また口の下に着けたり、あるいは胸、あるいは臍《へそ》、あるいは膝の上に手を置いたまま合掌するというが如きは、いかにもだらしのない、見にくい姿が、そこに表われているので、それでは決して、相手の尊さを知ったものの態度とは云えません。あるいは片手のまま、五指を伸ばして、合掌の姿に換え、腰をかがめるというが如きも、却って相手を軽蔑した態度であって、そこに、どうして有り難い信仰心が孕《はら》みましょうや。仏法に心あるものは、とりわけ、注意しなければならぬことであります。道元《どうげん》禅師の『永平清規《えいへいしんぎ》』には、丁寧に、合掌をなすべき位置について、その作法をお示しになっております。

合掌は、指頭《ゆびさき》まさに鼻端《びたん》に対すべし。頭低《た》るれば指頭も低る。頭直《ちょく》なれば指頭も直なり。頭も少しく斜めなれば、指頭もまた少しく斜めなり。その腕をして胸襟《えり》に近づかしむることなかれ。その臂《ひじ》をして脇の下に着かしむることなかれ。

五　一向専念に合掌せよ

要するに合掌の本義は、自己内心の表示であって、一心に相手のものの尊さ、有り難さを知ったときには、そこに一生懸命に、両の掌と、両の指頭とを堅く合わせて、一向専念に礼拝する姿となって表われるので、その合掌の姿の中には、自己内心の統一されたる信仰がこもらなければなりません。自己の身も、自己の心も、その魂の全体も、ただこの合掌の中に打ち込んで、初めて正しい合掌の姿を、そこに見ることが出来るのであります。

何事にも、自己の魂を打ち込んでかかるということが必要であります。魂を打ち込めば、必ず神仏の冥加を受けるので、一心にみ仏をおがめば、護法善神《ごほうぜんじん》の守護を受けることは、云うまでもないことであります。東嶺《とうれい》禅師の『臘八示衆《ろうはつじしゅう》』にも、

凡《およ》そ、道を修するところ、必ず護法《ごほう》神あり、魔障《ましょう》神あり、譬《たと》えば城中に、人多く聚《あつ》まるときは、賊盗また随って聚まるが如し、心願強きときは護法神、力を得、心魔《しんま》動くときは魔障神、力を得、この故に学道のもの、先ず須《すべか》らく大誓願を発し、辞譲謙遜を専らにすべし。

と示されております。故に仏道に志し、ほんとうにみ仏を拝もうとするものは、先ず自分に辞譲謙遜の思いをなし、低い低いところにいるということを自覚して、み仏の尊さ、有り難さを知り、

一向専念に合掌しなければならぬのであります。さすれば、必ず護法善神の加護あり、純真の信仰を得ることも、もとより明らかなことであります。

第三章　合掌の種類

一　十二合掌の説明――(口絵参照)

合掌の種類について、委《くわ》しく述べようとするには、是非とも十二合掌のお話から始めなければなりません。十二合掌は、合掌の総べてであります。これを委しく説明したものに善無畏《ぜんむい》三蔵の『大日経疏《だいにちきょうしょ》』があります。今は、その中の大要のみを述べることにいたしましょう。

第一を**寧尾拏《ネビダ》合掌**と云って、これを此処《ここ》に**堅実心《けんじつしん》合掌**と云い、両の掌を堅く合する形で、『大日経疏』には「十指頭《しとう》をやや相離す」と申してありますが、これは掌中《しょうちゅう》を堅く合した結果、自然《じねん》に十指が離れると云うのでありましょう。

第二を**三補吒《ホダ》合掌**と云って、これを此処に**虚心《こしん》合掌**と云い、両の掌を合するのに、堅く合するのでなく、掌中は少し離し、自然《じねん》に十指を合するという形であります。

第三を**屈満囉《クマラ》合掌**と云って、これを此処に**未敷蓮華《みふれんげ》合掌**と云い、前の虚心合掌よりも、更に掌中を張り、蓮華の蕾《つぼみ》のような形に合掌するので、十指を合わせ、掌中をふくらかすのを云うのであります。

第四を僕孥《ボダ》合掌と云って、これを此処に開初割蓮華《かいしょかつれんげ》合掌と云い、蓮華の開き始めたような形に合掌するので、前の未敷《みふ》蓮華《れんげ》合掌に於て、頭指《ずし》と中指《ちゅうし》と無名指《むめいし》との三指頭を少し引き離して、合掌するのであります。

第五を唱多那若《ウタナジャ》合掌と云って、これを此処に顕露《けんろ》合掌と云い、物を戴くのに両手を広げて、顕露に押し戴くという形で、先ず両の掌を上に向け、小指の辺を互いに合わせて、平行に両掌十指をならべて、物を受ける形に合掌するのであります。

第六を阿陀囉《アダラ》合掌と云って、これを此処に持水《じすい》合掌と云い、水を掬《きく》する時のような形に合わすので、前の顕露合掌を少し屈《かが》めて、掌中に水を持することが出来るように合掌するのであります。

第七を鉢囉孥摩《ハラタマ》合掌と云って、これを此処に帰命《きみょう》合掌とも、金剛《こんごう》合掌とも申しまして、十指頭を相叉《まじ》えて合掌するのであります。

第八を微鉢哩哆《ビハリダ》合掌と云って、これを此処に反叉《はんしゃ》合掌と云い、前の帰命合掌と反対に、背を合わせる合掌であります。

第九を毘鉢囉哩曳薩哆《ビハラリエイサダ》合掌と云って、これを此処に反背互相著《はんはいごそうじゃく》合掌と云い、両の掌の背を合わせるのでありますが、常に云う法界定印《ほうかいじょういん》は、膝の上に、左の手を仰《あお》むけ、次に右の手を、その上に仰むけ、大指頭《だいしとう》を拄《ささ》えるのでありますが、今は、その法界定印に於て左の手を裏返しに合わせた合掌を云うのであります。

第十を**啼哩曳《ティリエイ》合掌**と云って、これを此処に**横拄指《おうちゅうし》合掌**と云い、両の中指の指頭《ゆびさき》のみを横に拄《ささ》えて、その余の八指は開き、上に向けて合わせた合掌であります。

第十一を**阿駄囉《アダラ》合掌**と云って、これを此処に**覆手向下《ふくしゅこうげ》合掌**と云い、両の掌を下に覆《ふ》せて、中指の指頭のみを相拄《ささ》えて合わせた合掌を云うのであります。

第十二を**阿駄囉駄《アダラダ》合掌**と云って、これを此処に**覆手《ふくしゅ》合掌**と云い、両の掌を下に覆せて、両の大指を横に相接《まじ》え、その余の指頭を外に向けて合わせた合掌であります。

この十二合掌は、もともと密教に於ける合掌の様法を示したもので、真言宗では四種拳《けん》と共に印母《いんも》と云い、印相《いんぞう》を結ぶ上の根本となし、極めて秘密に取り扱っておりますが、今は、その中の重要なものを抜き出して、私の考えを述べて見ることに致しましょう。

二　特に注意すべき合掌

十二合掌の中に於て、特に注意しなければならぬ合掌は、第一の寧尾拏《ネビダ》合掌と、第二の三補吒《ホダ》合掌とでありましょう。すなわち、第一を堅実心《けんじつしん》合掌と云い、第二を虚心《こしん》合掌と申しておりますが、前の堅実心合掌は、堅く両掌十指を合わせることであって、行者の一心を表示したものと見ることが出来ます。後の虚心合掌は自然《じねん》に両掌十指を合わせることであって、両掌の中間を少しく開けるのであります。勤めて合掌するという姿でなくして、任運無功用《にんぬんむくゆう》に、心を用いずして合掌する姿であると思います。故に私は、前者を一心の表示と云い、後者を無心の表示と見たいと思うのであります。

三　堅実心合掌は一心の表示

この一心の表示のことは、前に既に「合掌の本義」のところで述べました通りに、相手のものの尊さ、有り難さを知って、礼拝する姿であります。自分というものを非常に低く、相手のものを非常に高く仰いで、信の心を孕《はら》む姿が一心であると思います。

四　虚心合掌は無心の表示

しかるに、無心の表示と云うのは、それよりも、更に一歩を進めた合掌の姿でありまして、もはや、相手の何者をも認めず、別に尊いとか、有り難いとかという心もなく、ただただ自然に両掌十指が合わさる姿であります。礼拝しようと思って合掌するのではありません。み仏に向えば、必ず合掌の姿となるので、それは何等の心を用いず、自分が合掌の心となって、み仏の前に跪《ひざまず》き、ぬかずき、礼拝の姿となって表われるのであります。すなわち、前者の堅実心《けんじつしん》合掌は一生懸命に、おがむ心があります。たとえ、おがんで、何等かの利益にあずかろうと思わないにしても、兎に角、おがむ相手を認めておりますから、有心《うしん》の合掌でありましょう。しかし後者の虚心《こしん》合掌は、おがむ心の跡形もない、その人の起居《ききょ》動作がことごとくおがむ姿であって、日用光中、万般の所作に向って、無心に応じ、そのものものになって働き、その場その場に当って、自由自在に動いて行くところ、そこにみ仏の前に出ずれば、無心に合掌の姿となって、表われると云うまで で、少しもおがむ心の跡形がない、真に合掌として全体を表わした姿と見ることが出来るのであります。

かかる無心の合掌は、凡夫の我等には、とても出来るものではありません。凡夫のお互いは、先ず相手の尊さ、有り難さを知って、一心におがむ合掌であります。これも十人が十人に望んで、皆が出来るというものではありません。また同一人の上に於ても、いかなる時、いかなる場合に処しても、一心の合掌が出来るかと云うに、それは出来得ないのであります。凡夫の浅間しさに、ある時は非常に一心になったけれども、ある場合には頓《とん》と心が向かないということが多いのであります。しかるに、凡夫でない、凡夫の域を脱した聖者の合掌は、常に四六時中が合掌の心であって、人に接するときも一心の姿、人に接しないときも一心の姿、行くときも一心の姿、坐るときも一心の姿、行住坐臥の四威儀《いぎ》の尽《ことごと》くが、みな合掌の姿であって、合掌の姿と四威儀とが離れてはおらない、威儀即仏法《いぎそくぶっぽう》であります。作法即宗旨《さほうそくしゅうし》の表われとなって、心が実に万境の転ずるところに従って転じ、その転じ行くところ、実に能く不可思議微妙であると云うので、このところを無心の合掌と名づけたまでであります。

五　有心と無心との説明

もちろん、無心と云っても、少しも心が無いと云うのではありません、能く万境に従って転ずるところを無心と呼んだと云うに過ぎぬので、自由自在に転ずるところから云えば、大いに有心であるとも云わなければならぬのであります。

要するに、凡夫の合掌は、いかに努力しても、有心の域を脱することは出来ません。この有心の域を脱して、聖者の位に入れば、そこに無心の合掌を体験することが出来るので、我等凡夫《ぼんぷ》のお互いは、努め努めて、大いに努めて、漸次に心の境界《きょうがい》が進んで行けば、必ず無心の合掌に体達《たいだつ》することが出来得るものであります。そして、その時はもはや凡夫ではありません。聖者の心地に入ったものと云うことが出来るのでありますから、有心《うしん》の合掌より終《つい》には無心の合掌に入るので、合掌が仏教の始終であり、核心であり、全体であると云ったのも、この辺のところから申したのであります。

六　礼拝の一行にのみ依って成仏す

『法華経常不軽菩薩品《ほけきようじようふぎようぼさつほん》』を読んで見ますと、常不軽菩薩《じようふぎようぼさつ》は礼拝の一行《ぎよう》のみに依って、成仏したと云うことが出ております。余行はさて置き、このみ仏をおがむという心、すなわち、合掌の心こそ、我等凡夫をして、聖者の道に引き入らしめ、み仏へと導く捷径《ちかみち》ではありますまいか。もとより我々は凡夫であります。容易なことで合掌の心になれないのであります。始めの間は、努め努めて合掌しなくてはならぬので、非常な努力が必要であります。そして努力しても、合掌の形だけが漸《ようや》く表われ、それから漸次《ぜんじ》に進んで、それに合掌の心が添い、有心の合掌ではあるけれども、兎に角、合掌の形と心とが一つになって、み仏の前に跪《ひざまず》き、ぬかずき、み仏の尊さ、有り難さに涙を流して礼拝する心になれるものであります。故に始めは、合掌しようという努力が必要でありますけれど、その初心が、やがては相似《そうじ》の合掌となり、分真《ぶんしん》の合掌となり、終には、ほんとうの合掌が出来るようになるのでありますから、最初の努力は知らず知らずの間に報いられて立派な結果を得ることになるのであります。決してその初心を軽んじてはなりません。その初心こそ実に最後まで徹底させる、もっとも尊いものではありますまいか。

七　初心より合掌に向って全努力を捧げよ

『華厳経《けごんきょう》』の中にも「初発心の時、便《すなわ》ち正覚《しょうがく》を成ず」と申してありますが、実にこの初発心が大切であります。飽《あ》くまでも初《しょ》一念《ねん》を貫かねばならぬのでありますから、先ず仏法に心あるもの、信仰に目ざめた人は、第一に合掌するという心に向って、大いに努力しなければならぬのであります。もとより最上利根の人で、始めから無心の合掌に入り、立派な、み仏のお姿を表わすことの出来る人は別であるけれども、先ず、おしなべて、十人が十人、百人が百人ながら、始めは、こうした努力が必要であると思います。諦観法師《たいかんほっし》の『四教儀《きょうぎ》』にも「天然の弥勒《みろく》、自然《じねん》の釈迦《しゃか》あらんや」という言葉があります。実に偽《いつわ》りのない良い言葉であります。始めから等正覚《とうしょうがく》の如来はありません。釈尊にも血滴々《けってきてき》の難行苦行を遊ばされた時期があったのであります。弥勒菩薩もまたその通りで、今もなお、修行のまっただ中であります。ましてや、下根劣智《げこんれっち》の我々は、始めから努力なしには、合掌の心になれるものでありません。努め努めて、み仏をおがみ、ほんとうに、み仏の尊さ、有り難さを知って、合掌恭敬《くぎょう》の心を起こさねばなりません。この合掌恭敬の心を表示したものに帰命《きみやう》合掌と云うのがあります。これは前の十二合掌の中の第七、鉢曪弩摩《バラダマ》合掌がそれであって、これを常には叉手《しやしゆ》合掌と云っております。私は更に、次に叉手合掌について、深い心を窺《うかが》って見ることに致しましょう。

第四章　合掌と叉手

一　合掌と叉手との相違

叉手《しゃしゅ》ということは、手を互いに相交えることであります。『洪武正韻《こうぶしょういん》』には「叉は手を相錯《あいまじゅ》るなり、いま俗に拱手《こうしゅ》を呼んで叉手と曰う」と申しております。禅宗では、妙心寺の無著道忠禅師《むじゃくどうちゅうぜんじ》が『禅林象器箋《ぜんりんしょうきせん》』に旧説を示しまして「凡《おおよ》そ進退の法は、進前《しんぜん》は叉手、退後《たいご》は合掌にして、是れ通式《つうしき》なり」と云っております。これは我々が、み仏の前に焼香《しょうこう》せんとするとき、前へ進んで行くときには叉手の姿で行き、焼香して後へ退いて行くときには合掌の姿であるというのが、通式と申す意味であろうと思います。そして、その時の叉手というのは、やはり前に申しました拱手の姿でありますから、道忠禅師も、

合掌は西竺《さいじく》（印度）の法、叉手はもと中華（中国）の古法にして、俗礼なり。

と示しておられます。

二　叉手合掌の異名

しかし今、私が「合掌と叉手」と題しまして、この叉手のことを述べようとするのは、前にも申しました通り、十二合掌の中の第七、鉢《ハ》囉《ラ》拏《タ》摩《マ》合掌の叉手であって、互いに指端を相交えることであります。同じ叉手であっても、これは両掌十指を合わせるのに、その指端のみを互いに組み合わせることであって、前の拱手《こうしゅ》と今の叉手とは大いに相違するので、決して混同してはなりません。

叉ということは、『説文《せつもん》』に「叉は手の指、相錯《あいまじ》わるなり」と云い、また『字彙《じい》』にも「両の手、相錯わるなり」と云って、両の手の指頭を互いに組み合わせることであります。

この叉手のことについては、経文のところどころに出ております。『観無量寿経《かんむりょうじゅきょう》』にも「智者また教えて、掌を合わせ、手を叉《まじ》えて、南無阿弥陀仏《なむあみだぶつ》と称《とな》えしむ」と云い、『首楞厳経《しゅりょうごんぎょう》』にも「阿難《あなん》、叉手して仏に白《もう》す」と云い、また『円覚経《えんがくきょう》』にも「文殊《もんじゅ》、叉手して仏に白す」と云っております。また『普曜経《ふようぎょう》』にも、

一心に十指を叉えて、専心に自ら一如来に帰し、口に自ら南無仏と言わん、この功徳の福、最上なりと為《な》す。

と云って、叉手の功徳の広大無辺なることを述べてあります。

三　叉手合掌は合掌の本義と云う

また、八事山《ごとやま》の諦忍律師《たいにんりっし》は『合掌叉手本義《ほんぎ》篇《へん》』に、合掌は叉手が本義であると云い、三十余種の経律章疏《きょうりつしょうしょ》を引いて、念仏行者も、叉手合掌を用いなければならぬと云われております。すなわち、その終りの文を、そのまま引けば、

以上、大蔵の中、叉手合掌の文を引く、上来の経律章疏に依るに、始め如来より、四部の弟子、梵釈諸天《ぼんしゃくしょてん》に至るまで、凡《おお》よそ所敬《しょけい》あるときは、則《すなわ》ち皆、金剛合掌（叉手合掌のこと）せざることなし、しかれば則ち、学仏の人は、禅教律を論ぜず、八宗十宗、悉く此の本義に則《のっと》るべし。況《いわ》んや、念仏の人は、観経の所説に準じて、金剛合掌せんこと、もっとも理に当れり。既に南無は是れ帰命の義と曰えり、若し爾《しか》らば、手に帰命《きみょう》合掌（金剛合掌のことで叉手合掌を指す）を作《な》し、口に南無阿弥陀仏と唱え、意は帰命の想に住する、是れ三業相応《ごうそうおう》、至心専注《しいしんせんちゅう》の本儀なり。誰れか尊重珍敬《そんじゅうちんけい》せざらんや。

と云って、大いに叉手合掌を勧め、特に念仏行者に対して、み仏を拝み、お念仏を唱えるときには、必ず、この叉手合掌をなして、一心恭敬《いっしんくぎょう》の儀を表わさなければならぬと誡《いまし》められております

が、実に道理のあることと云わねばなりません。

四　叉手合掌の深い意味

この叉手合掌は、前にも述べた通りに、十二合掌の中の第七、鉢《ハ》囉《ラ》拏《ダ》摩《マ》合掌でありまして、これを常に帰命の合掌とも、金剛合掌とも申しております。この金剛合掌は、真言宗ではもっとも大切にするので、一名を普《ふ》印《いん》とも云い、一切の秘密の印相は、みなこの金剛合掌から生ずると申しております。故に、この金剛合掌を普印と名づけるばかりでなく、その他、普《ふ》供《く》養《よう》印《いん》、一切供養《くよう》の印、一切供養最勝《さいしょう》出生《しゅっしょう》の印、一切仏心三昧耶《さいぶつしんさんまや》の印、虚《こ》空《くう》の印、如虚《にょこ》空《くう》の印、等虚《とうこ》空《くう》の印などと呼んでおります。

また『大日経疏《だいにちきょうしょ》』には、如金剛《にょこんごう》合掌とも云っておりますが、これは恐らく金剛杵《こんごうしょ》の如き合掌という意味でありまして、堅固の喩《たとえ》に金剛杵を挙げたものであろうと思います。両の掌《たなごころ》、十の指《ゆび》頭《さき》を互いに相叉《あいまじ》えて合わすれば、甚《はなは》だ堅固であって、行者の一心不乱なることが表われております。故に『金剛頂経《こんごうちょうぎょう》』にも「堅固に合掌を結べ、諸指《しょし》互いに交《まじ》え結ぶを金剛掌《こんごうしょう》と為す」と云っております。すなわち、金剛掌とは金剛合掌の略であります。『八字《じ》文殊《もんじゅ》儀《ぎ》軌《き》』にも、行者、道場に入る時、まさに虔誠《けんせい》に礼を作《な》すべし。先ず合掌をなせよ、十度、外に相交《あいまじ》ゆるなり。
と示されております。そして、この十度とは十指のことを云うので、十波羅蜜《ぱらみつ》を表示したものであります。波羅蜜《はらみつ》(Pārami)は梵語《ぼんご》であって、これを翻訳《ほんやく》すれば到彼岸《とうひがん》とも、度《ど》とも申しております。すなわち、この十波羅蜜に依って、迷いの此の岸より、悟りの彼の岸へ到ることであります。この生死の苦海《くかい》を渡って、涅槃《ねはん》の楽土に行くことを意味したものでありますから、到彼岸《とうひがん》とも、度とも申すのであります。

五　十波羅蜜の説明

十波羅蜜は常に云う檀《だん》、戒《かい》、忍《にん》、進《しん》、禅《ぜん》、慧《え》の六波羅蜜の外に、更に方《ほう》、願《がん》、力《りき》、智《ち》の四波羅蜜を加えたものであります。これを菩薩《ぼさつ》十地《じ》の行法に配当しておりますから、あるいは菩薩の十大行とも、十勝行とも申しております。いま、その大体の意味を説明しますならば、先ず檀とは檀那《だんな》(Dāna)の略でありまして、この梵語を翻訳して布施《ふせ》と云い、物を他人に施《ほど》こすことであります。これに財施《ざいせ》、無畏施《むいせ》、法施《ほっせ》等の種類があります。

次に戒とは、梵語の尸羅《しら》(Śīla)を翻訳したもので、持戒《じかい》とも、浄戒《じょうかい》とも申しております。すなわち、出家は出家の戒、在家は在家の戒を保つことで、これに大乗戒《だいじょうかい》、小乗戒《しょうじょうかい》との相違があります。

次に忍とは、梵語の羼提《せんだい》（Kṣanti）を翻訳したもので、忍辱《にんにく》とも、安忍《あんにん》とも申しております。すなわち、一切有情《うじょう》より迫害罵《はくがいば》倒《とう》を受けても、それを堪え忍び、また非情の寒暑、飢渇《きかつ》等の苦しみにも忍び耐《こら》えることを云うのであります。

次に進とは、梵語の毘利耶《びりや》（Vīrya）を翻訳したもので、精進のことであります。すなわち、大いに身心を鞭撻《べんたつ》して、菩提の道に、奮励《ふんれい》努力することであります。

次に禅とは禅那《ぜんな》（Dhyāna）の略でありまして、この梵語を翻訳して静慮《じょうりょ》とも、惟修《いしゅ》とも、三昧《ざんまい》とも、あるいは単に定とも云って、常には禅定と申しております。すなわち、真如の理を思惟して、心を定思《じょうし》することであります。これに四禅八定とか、乃至《ないし》は百八三昧等の区別があります。

次に慧とは、梵語の般若《はんにゃ》（Prajñā）を翻訳したもので、智慧のことであります。この智慧は凡夫ではなくして、仏菩薩の大智を云うのであります。

次に方とは方便智《ほうべんち》を云うのであります。これから以後の方、願、力、智の四波羅蜜は、第六の般若の智慧から開いたもので、特に衆生を化導する上の智慧を表わしたものであります。すなわち、方便善巧して、自分にも功徳を積み、他の一切衆生をも化益することを云うのであります。

次に願とは上求菩《じょうぐぼ》提《だい》と、下《げ》化衆生《けしゅじょう》との大願を云うので、自分には無上菩提の道を求め、他は広く一切衆生を済度し尽《つく》さんという大誓願を発《おこ》すことであります。

次に力とは思択力《しちやくりき》と、修習力《しゆじゆうりき》とであって、一切諸法を思惟して、大いに修行を進めることであります。

最後に智とは自利と、利他との二智であって、特に菩薩は利他を重きに置くのでありますから、良く一切衆生に応じて、化益すること限りなきを云うのであります。

以上は、十度の大体の説明でありますが、今の十指を合して、外に相交《あいまじ》ゆるのは、菩薩が自利、利他、広大無辺の行をなして、仏道を成ずるのと同じく、両の掌《たなごころ》、十の指頭を合して、叉手合掌をなすところ、直ちに、その身は仏身と合して、生死の苦海を渡り、涅槃《ねはん》の彼の岸に到ることが出来るということを表わしたものでありましょう。

六　一心に帰命するには叉手合掌を用いよ

かくの如くに叉手合掌は意味の深いものであります。み仏の前に跪《ひざまず》き、ぬかずき、一心になって、口に「南無仏」と唱える時、必ず先ず、その手には、この叉手合掌を結ばねばならぬのであります。『羯磨疏《かつましよ》』にも「経律の中に、叉手と云うは、則ち十指交えるなり。行者まず合掌叉手するは、心専一にして、二縁無きことを表わすものなり」と云っております。また『釈門帰敬儀《しやくもんききようぎ》』

にも、「叉手合掌は、行者の一心を表わしたもので、これを一心合掌とも云い、勤めて功用《くゆう》を加えて、初心の行者は叉手合掌の善行《ぜんぎょう》を修しなければならぬ」と誡《いまし》められております。

要するに、この叉手合掌は金剛合掌とも、帰命合掌とも云って、行者の金剛堅固の一心を表わし、ほんとうに、み仏をおがむという心を表示したものであろう。『行法肝要鈔《ぎょうぼうかんようしょう》』にも、

高雄口訣《たかおくけつ》に曰《いわ》く、礼拝の時、金剛合掌を作《な》すことは、即ち帰命合掌と名づくればなり。鑁上人《ばんしょうにん》口訣《くけつ》に曰《いわ》く、一切の印の代りに、この印を用ゆ、故に普印《ふいん》と云うなり。また五指は即ち五智(大円鏡智《だいえんきょうち》、平等性智《びょうどうしょうち》、妙観察智《みょうかんざっち》、成所作智《じょうそさち》、法界体性智《ほっかいたいしょうち》)を云うなり。一切の印、五智を出でず、故に普印と云うなり。また定慧《じょうえ》の二手を以って、仏界と衆生界とに配する時、左は衆生界、右は仏界なり、左の五指の上に、右の五指を重ぬるは、衆生界を以って、仏界に帰するの義なり。

と云って、この金剛合掌について、甚《はなは》だ深い意味の口訣が記されております。また『金剛頂瑜伽《こんごうちょうゆが》金剛薩埵儀軌《こんごうさったぎき》』にも、深い意味のことを述べて、

金剛合掌の印を結べ、二手の掌を合わせ、十指相交《あいまじ》えて、右を以って、左を押すなり。此の印を結ぶに由るが故に、十波羅蜜円満《はらみつえんまん》し、福徳智慧《ふくとくちえ》、二種の資糧《しりょう》を成就《じょうじゅ》す。

と示されておりますが、兎に角、この金剛合掌は、非常に意味の深いものであります。我等凡夫《ぼんぷ》

のお互いが、この両の掌を合わせ、十の指頭《ゆびさき》を相交えるというところに、そこに深い深い意味があり、また広大無辺の功徳があるということを知って、ただ一度の合掌でも、軽々に思わず、心から、ほんとうに、拝むということが大切であります。

第五章　合掌の表示

一　両掌十指の表示を印と云う

合掌について、深い深い意味を説明しようと思うには、先ず両掌十指の中に表示せられている法門の義理を説明しなければならぬのであります。

由来、この両掌十指の表示を印と申しております。印とは梵語の牟陀羅《ムドラ》（Mudrā）を翻訳したもので、委《くわ》しく云えば印契《いんげい》と云うのであります。あるいは印相とも契印《けいいん》とも云っております。これについて『秘密辞林《ひみつじりん》』には、左の如く記されております。

印とは印可《いんか》決定《けつじゃう》の意にして、諸仏は法印《ほういん》を結びてその本誓《ほんぜい》に違《たが》わざるを約《やく》し、行者は之を結びて諸仏の本誓に必ず一致すべきを決定《けつじょう》す。故に行者の結ぶ手印僅かに十指の屈伸《くつしん》に過ぎざるも、その変化は無尽にして、いかなる意義も顕わすことを得るものなれば、この印契は即ち小宇宙として、之れを観察するなり。故に一本の指の屈し方も、実に重要なるものにして、火指を屈すれば、火滅し、水指を立つれば、水湧くとなす。ピストルもて人を殺すと、殺さゞるとは、頭指を五分屈すると否とに依って決せられるを思わば、一指の屈伸容易なるものにあらずや。

二　印の起源は威儀行事の表示

この印のことは、専門に研究しなければならぬ大切なことで、簡単に説明の出来るものではありません。けれども、今は大体について申すとこの印相の起源は、もと威儀行事に於ける身振りを表示したもので、喩えば説法の印と云えば、み仏が御説法せられる時の手振りを、そのまま印相にしたものであり、定印《じょういん》と云えば、行者が禅定《ぜんじょう》を修するとき、両手を趺坐《ふざ》した足の上に置いて、その心を安静にしている姿を、そのまま印相にしたものであろうと思います。故に始めは、さほどにやかましく云われなかったものでありましょうが、しかし、その人その人に依って、特有の身振りがあるのと同じく、仏菩薩にも、その尊に特有の身振りがあるものとなし、その尊の特有なる内証本誓《ないしょうほんぜい》を標示したものでありましょう。それが後に、密教が盛んに行われるようになってから、ますます印相の研究が始まり、印度にも、西蔵《チベット》にも、また中国にも、日本にも伝わって、諸仏諸菩薩等の印相を説き、我々凡夫の、未だ煩悩を断ずることの出来ないものでも、もし本尊の印相を結び、本尊の真言三昧地《まじ》を修するときには、必ず、この三密加持《さんみつかじ》の功徳に依って、本尊と我々凡夫と、加持感応《かじかんのう》し、彼此渉入《ひししょうにゅう》して、本尊の内証《ないしょう》に通じ、本尊と同じ境地に到ることが出

来ると申して、ここに印相を大切に相伝《そうでん》するようになったものであろうと思います。故に『大日経疏《だいにちきょうしょ》』にも、

西方（印度）には、もっとも印法《いんぼう》を秘し、作《な》す時は、また極めて恭敬《くぎょう》す。必ず尊室《そんしつ》の中、及び空静清潔《くうじょうせいけつ》の処《ところ》に在りて、当に澡浴厳身《そうよくごんしん》すべし。若し一々浴すること能《あた》わざれば、必ず、須《すべから》く手を洗浄し、口を嗽《そそ》ぎ、塗香《ずこう》を以って手等に塗りて、方《まさ》に作すことを得べし。また作す時は、須く威儀を正し、跏趺《かふ》（結跏趺坐《けっかふざ》と云って、坐禅《ざぜん》するときの坐り方を云うのであります）等にして坐すべし。爾《しか》らざれば罪を得、法をして速かに成《じょう》ずることを得ざらしむ。

と申して、印相の極めて大切にすべきことが示されております。

三　形印と理印との説明

印相のことは、密教に於て、もっとも委《くわ》しく研究されております。これに形印《ぎょういん》と理印《りいん》との二種があって、外形の上に印相を結ぶのと、道理の上から印相を結ぶのとあります。すなわち、形印と云えば、両掌十指で以って、蓮華の形とか、刀剣の形とかを結ぶので、そこには別に、深い道理があると云うのではありません。理印と云えば、この両掌十指に、いろいろの法門を観察し、無量無辺の功徳を説いて、その尊《そん》の内証本誓《ないしょうほんぜい》を表示しているのであります。いま、その中の一例

として『補陀落海会儀軌《ほだらくかいえぎき》』の文を、左に引きましょう。

左の手は寂静《じゃくじょう》の故に、理と名づく。胎蔵海《たいぞうかい》なり。右の手は諸事《しょじ》を弁《べん》ず、智と名づく。金剛海《こんごうかい》なり。左の手の五指は、胎蔵海の五智なり。右の手の五指は、金剛海の五智なり。左の手は定《じょう》、右《みぎ》の手《て》は慧《え》、十指は即ち十度なり。あるいは十法界《ほっかい》と名づく、あるいは十真如《しんにょ》と曰《い》う。縮めば、一に摂収《しょうしゅ》し、開けば、数名あり。左の小指《しょうし》を檀《だん》となし、無名指《むめいし》を戒《かい》となし、左の中指《ちゅうし》を忍《にん》となし、左の頭指《ずし》を進《しん》となし、左の大指《だいし》を禅《ぜん》となす。右の小指を慧《え》となし、無名指を方《ほう》となし、右の中指《ちゅうし》を願《がん》となし、右の頭指を力《りき》となし、右の大指を智《ち》となす。乃至《ないし》、小指を地となし、無名指を水となし、中指を火となし、頭指を風となし、大指を空となす。

と云っております。その他『大日経疏《だいにちきょうしょ》』『蓮華部心軌《れんげぶしんき》』『摂大儀軌《しょうだいぎき》』『毘沙門天王軌《びしゃもんてんのうき》』『摂無碍経《しょうむげきょう》』『蘇悉地羯磨経《そしつじかつまきょう》』『略出念誦経《りゃくしゅつねんじゅきょう》』などにも、いろいろと両掌十指の表示が出ております。いま、それを纏《まと》めて、左に図表で示すことに致しましょう。

四　両掌十指の表示――(口絵参照)

両掌の表示

「左手―衆生界《しゅじょうかい》―理《り》―福《ふく》―定《じょう》―止《し》―権《ごん》―内《ない》―本有《ほんぬ》―三昧《まい》―胎蔵界《たいぞうかい》

―右手―仏《ぶつ》界《かい》―智《ち》―智《ち》―慧《え》―観《かん》―実《じつ》―外《がい》―修生《しゅじょう》―解脱《げだつ》―金剛界《こんごうかい》

十指の表示

左手
- 小《しょう》指《し》―檀《だん》―歓《かん》喜《ぎ》地《じ》―地獄《じごく》―慧《え》―地《じ》―色《しき》―信《しん》―阿《あ》―大円鏡智《だいえんきょうち》
- 無《む》名《めい》指《し》―戒《かい》―離《り》垢《く》地《ち》―餓鬼《がき》―方《ほう》―水《すい》―受《じゅ》―進《しん》―嚩《ば》―平等性智《びょうどうしょうち》
- 中《ちゅう》指《し》―忍《にん》―発《はっ》光《こう》地《ち》―畜生《ちくしょう》―願《がん》―火《か》―想《そう》―念《ねん》―囉《ら》―妙観察智《みょうかんざっち》
- 頭《ず》指《し》―進《しん》―焔《えん》慧《え》地《ち》―修羅《しゅら》―力《りき》―風《ふう》―行《ぎょう》―定《じょう》―訶《か》―成所作智《じょうそさち》
- 大《だい》指《し》―禅《ぜん》―極難勝地《ごくなんしょうち》―人間《にんげん》―智《ち》―空《くう》―識《しき》―慧《え》―佉《きゃ》―法界体性智《ほっかいたいしょうち》

右手
- 大指―智《ち》―法《ほう》雲《うん》地《ち》―仏陀《ぶつだ》―禅《ぜん》―空―識―慧―佉―法界体性智《ほっかいたいしょうち》
- 頭指―力《りき》―善《ぜん》慧《え》地《ち》―菩薩《ぼさつ》―進《しん》―風―行―定―訶―成所作智《じょうそさち》
- 中指―願《がん》―不《ふ》動《どう》地《ち》―縁覚《えんがく》―忍《にん》―火―想―念―囉―妙観察智《みょうかんざっち》
- 無名指―方《ほう》―遠《おん》行《ぎょう》地《ち》―声聞《しょうもん》―戒《かい》―水―受―進―嚩―平等性智《びょうどうしょうち》
- 小指―慧《え》―現《げん》前《ぜん》地《ち》―天上《てんじょう》―檀《だん》―地―色―信―阿―大円鏡智《だいえんきょうち》

この外に、東方阿閦如来《あしゅくにょらい》、南方宝生《ほうしょう》如来、西方阿弥陀《あみだ》如来、北方釈迦《しゃか》如来、中央大日《だいにち》如来の五仏、発心《ほっしん》、修行《しゅぎょう》、菩《ぼ》提《だい》、涅《ね》槃《はん》、究竟《くきょう》の五転《てん》、堅《けん》、湿《しつ》、煗《なん》、動《どう》、無礙《むげ》、了知《りょうち》の五性《しょう》を始め、五仏頂《ぶっちょう》、十輪《りん》、十蓮《れん》、十真如《しんにょ》、十峰《ほう》などに配当して、甚深微妙《じんじんみみょう》の表示を伝えております。

このように、両掌十指には、無量無辺の表示があるのであります。この表示に依って、いろいろに両掌十指を結び合わせ、形の上に印相を作り、理の上に印相を結んで、そこに蓮華の形を表わしたり、刀剣の形に結んだり、あるいはいろいろの複雑なる理印《りいん》の口伝《くでん》があるのであります。

五　仏菩薩のお姿の差別せられる理由

印相のことは、もとより専門的に学ばねばならぬことでありますが、先ず一般的に、我々の考えを申しますと、我々が仏菩薩のお姿を拝しますとき、必ず、その仏菩薩には、定まったお姿のあるということを知るのでありましょう。その立って見えるお姿、坐して見えるお姿、手に持って見える特殊の道具とか、印相とかに気が付くのであります。非常に柔和《にゅうわ》なお姿もあれば、また、その反対に非常に忿怒《ふんぬ》のお姿も拝することがありますが、これは一体、いかなる理由に依って、そのように差別せられるのでありましょうか。これには実に深い理由があるのであります。

それは、前にも少しく申しましたように、仏菩薩の特有なる内証本誓《ないしょうほんぜい》を表示したもので、解り易く云えば、仏菩薩にも特有の気分とか、身振りとかがあるものと思えば良ろしい。非常に柔和で、どんな事があっても、怒ったというような態度を示さない仏菩薩もあれば、また、その反対に、非常に怒った態度を示されても、その内心には、極めて慈悲心のこもった菩薩明王《みょうおう》もあるというのであります。あるいは、常に坐って、宇宙の真理を深く味わい、定にばかり這入って見える人もあれば、また立って、衆生済度のために、御説法ばかりして見える人もありますが、要するに、仏菩薩には、内心に深く秘し給えるお悟りの境地というものがあるのであります。そのお悟りの尊い境地を、ただ御自身だけ得て、それで満足しているというような小さなお心ではなく、更に広大無辺の大慈悲に依って、一切衆生を救うという御本誓《ごほんぜい》を立て、御自身と同じお悟りに一切衆生を導き入れようと御誓いになっているのであります。故に、その御本誓のお心や、お悟りの境地を、愚鈍《ぐどん》の我等一切衆生に解り易くお示しになったものが、仏菩薩の表面に顕われたお姿であろうと思うのであります。すなわち、仏菩薩の御気分とか、手振り、身振りとかが種々なる持物となり、手に結び給える印相となったものでありましょう。良く世間にも云う通り、その人の商売とか、道楽とか、趣味とかに依って、その人の気分も顕われ、手振り、身振りの態度にも表われてくると申しますが、これを密教では、仏菩薩の三摩耶形《さんまやぎょう》(Samaya)と申しまして、深い、尊い、有り難い道理を説明しているのであります。この三摩耶形には、仏菩薩の内証、本誓、除《じょ》障《しょう》、驚覚《きょうがく》の真理があると申しますが、兎《と》に角《かく》、仏菩薩の結び給える印相、所持し給える道具のいかんに依って、その仏菩薩のお悟りの境地や、その御本誓を窺《うかが》い知ることが出来るのであります。

譬《たと》えば、軍人の人は、腰に帯《お》んでいる剣を以って、内心を表示していると云うのであります。

すなわち、軍人の精神は剣であって、その剣に依って、自己を守り、国を守り、敵あらば、飽くまでも膺懲《ようちょう》するというのが、軍人の内証であり、また本誓であるという訳であります。農夫であれば鍬《くわ》一本、商人であれば算盤《そろばん》一個に依って、その内心に秘する深い心もち、その目的、その理想とする本誓を知ることが出来るのと同じ道理であります。故に、仏菩薩の所持し給える蓮華とか、刀剣とか、輪宝《りんぼう》とかは、決して無意味に所持しておられるのではありません。そこには、実に深い深い理由があるということが解ったでありましょう。

六　合掌は仏教信者の三摩耶形である

ここに至って、私は今、説いております合掌の意味についても、ただ単に身業《しんごう》の一部分にのみ表わされた形であるなどと云って、非常に軽く取り扱うことは出来ないと云うのであります。密教では、前に申しました仏菩薩の印相とか、所持品とかを、そのまま、仏菩薩として信仰しているのであります。もちろん、蓮華とか、刀剣とかは、一個の所持品に過ぎないものではありますが、しかし、そこには仏菩薩の精神が宿っているのでありますから、これを直ちに仏となし、菩薩となして、この蓮華とか、刀剣とかをお祭りして、これを崇《うやま》い、礼拝し、信仰するのは、決して誤ったものとは云えないのであります。故に、今の合掌も、ほんとうに、我々仏教信者の精神を打ち込んでの合掌であるならば、そこには合掌の深い深い意味にも契《かな》い、軽々に取り扱うことも出来ないということが解るのであります。すなわち、ほんとうの合掌は、仏教信者の三摩耶形であるということが出来るのであります。

七　我々の一挙手一投足に注意せよ

なお私は、この意味を広めて、我々仏教信者の一挙手《きょしゅ》一投足《とうそく》が、そのまま、その人の精神の表示、その人の人格の発露《はつろ》であるということに気がつき、更に大きく、眼《まなこ》を外界に移して眺めましたならば、この宇宙の事々物々、一として精神の表示ならざるはなく、ことごとく仏菩薩、乃至は諸天善神の精神が宿っていないものはないと思うのであります。

第六章　合掌の原理

一　合掌には自己の全生命を打込め

合掌は両の掌《たなごころ》を合わせることで、ただ単に、身業《しんごう》の一部分に表われた形に過ぎないものであります。故に、形だけを引き離して、冷《ひや》やかな眼《まなこ》で以って論じたならば、別に深い、尊い、有り難いものではありません。けれども、そこに合掌するものの全生命を打ち込んで、一心不乱になって合掌するときには、これほど、尊いものはありません。これほど、有り難い心になれるものはありません。仏教信者の全生命は、単なる合掌という形に依ってのみ表現せられ、それに依って、充分に、仏教信者であるということが解るのであります。

合掌の原理として、むずかしいことを説くよりも、如実に、み仏を礼拝すれば良いのでありま す。一心不乱になって、自己の全生命を打ち込んで合掌礼拝すれば、それで充分に合掌の原理は説明されているのであります。仏教信者が、ほんとうに、心をこめて、み仏をおがみ、合掌の姿になっている時には、もはや、おがむという心もありません。おがむ自身もなければ、またおがまれる本尊の如来もありません。ただ単に、合掌の中に、何もかも、全体がこもってしまっているのであります。

二　能礼所礼性空寂　感応道交難思議

すなわち「能礼《のうらい》、所礼《しょらい》、性空寂《しょうくうじゃく》」と申しまして、能礼の自身も、所礼の如来も、共に本性《ほんしょう》空寂《くうじゃく》であります。本来から云えば、因縁の上にかりに和合して、表わされた姿に過ぎぬので、もとを云えば、同じく本性空寂と云わなければなりません。故に、礼拝するの、礼拝せぬのという分別《ふんべつ》があっては、ほんとうのものではなく、礼拝しなければ、済《す》まぬとかもったいないとかいうのでは、まだまだ分別心《ふんべつしん》が去ったとは云えないのであります。ただ行者の心が、あらゆる分別心を去って、知らず知らずの間に、一心の姿となったところ、そこに合掌のほんとうの姿が表われるのであります。両の掌《たなごころ》を自然《じねん》に合わせ、心から唱名念仏するところ、「唱《とな》うれば、我れも仏もなかりけり」という尊い心境に達することが出来るので、ただ一心に南無仏と称うる唱名の声、合掌の姿こそ、真に有り難いものであります。いろいろの理窟は第二第三でありまして、それらの理窟はまだほんとうに、この尊い姿、有り難い心境に達することの出来ないもののために、一応《おう》、言葉で以って説いて聴《き》かせるという程度のもので、ほんとうの合掌の姿は説けるものではありません。有り難い心境のところは、要するに「感応道交難思議《かんのうどうこうなんしぎ》」のものであります。説こうとしても、説く言葉がありません。写そうとしても、写す文字がありません。こうであろうと思慮分別《しりょふんべつ》すれば、既《すで》に既にほんとうの姿は見えるものではありません。等閑《とうかん》に、その時の意を写さんと擬《ぎ》するも、白雲万里《はくうんばんり》で、到底及《とうていおよ》ぶものではありません。真に尊い合掌の姿こそ、何等の言葉も、文字も、思慮分別も加えることの出来ない、謂《いわ》ゆる「言詮不及《ごんせんふきゅう》、意路不到《いろふとう》」の境地のものと信ずるのであります。

それに今、私がいろいろと合掌の原理を説くということは、本来から云えば間違いの甚《はなは》だしいものでありますけれども、世間には、こうした間違いを説かねばならぬということは、まだ、ほんとうの合掌に達することの出来ない人が多いからであります。どうしても、これを説いて、少しでもほんとうの合掌の姿となり、ほんとうの合掌の境地になって、心から、み仏をおがむ心にならられるよう、切《せつ》に念願して止まないのであります。

三　生仏一如の心境

先ず、両の掌《たなごころ》を合わすのは、生仏一如《しょうぶついちにょ》のところを示したものであります。左の手は衆生界《しゅじょうかい》であり、右の手は仏界《ぶっかい》であります。この衆生界と仏界とは、別々のものではありません。白隠《はくいん》禅師

の『坐《ざ》禅《ぜん》和《わ》讃《さん》』にも、

衆生本来《しゅじょうほんらい》ほとけなり　水と氷の如くにて
水をはなれて氷なく　衆生のほかに仏なし
衆生近きを知らずして　遠きに求むる果敢《はか》なさよ
喩へば水の中にいて　渇《かつ》を叫ぶが如くなり
長者の家の子と成りて　貧裡《ひんり》に迷ふに異らず
悪趣輪廻《あくしゅりんね》の因縁は　己が愚癡の闇路《やみじ》なり
闇路に闇路を踏み添へて　いつか生死を離るべき

と申してありますが、実に我々は仏と少しも変らぬ五体を具えているものであります。これと云って、何の不足もなき、立派な五体を受け得てはおります。けれど、悲しいことには、この五体に執着して、「我れである、他人である」と差別をつけ、そこにいろいろの愚癡心《ぐちしん》に迷い、闇路に闇路を辿《たど》るのであります。故に、一念この愚癡心の無明《むみょう》に、光明を投げ込み、無明の闇路を照らしさえすれば、そこに仏知見《ぶっちけん》は開かれるのであります。すなわち、仏とは我々のこころの、ほんとうの姿を悟った人でありますから、沢庵《たくあん》禅師の歌にも、「ほとけとはこころをさとる、衆《しゅ》生《じょう》とは、身に迷ふものの名とぞ知るべし」と教えられております。決して仏が遠きところにあるのではありません、我々の胸三寸《ずん》にあるのでありますから、我々の合掌するところ、衆生界《しゅじょうかい》と仏《ぶつ》界《かい》と別物ではないということを表わして、一心に合掌の姿となったところ、そこに仏のお姿は表われるというものであります。

四　真如実相とは何か

仏のお姿と云って、別に一定しているべきものではありません。総べてのものの、ほんとうのお姿がとりも直さず、仏となるのであります。ものの正しい姿、そのもの、そのものの偽《いつわ》らざる姿、真実に、そのものとしての姿を仏と云うのであります。真如《しんにょ》とか、実相《じっそう》とかいう言葉は、仏のお姿に対して申した名で「真実に、かくの如きもの」と云うところより真如の名を与え、偽らぬ、正しいお姿を申したものであります。また「真実の相」なりと云うところより実相の名を附け、ほんとうのお姿は何れにも片寄らず、「まんなかの道」と云うところより中道と呼んだものであろうと思います。

五　仏の正しいお姿

故に、仏と云うのは仮りに附けた名でありまして、本来は名のないものであります。従って、またお姿もないものであります。これが仏であると云って、定まったお姿のあるべきものではありませんが、しかしまた、その反面には、仏は一定のお姿がないと同時に、いかなる姿も仏ならざるものはないと云うことになるのであります。すなわち、ものの正しい姿、そのものそのものの偽らざる姿が仏であると云うのでありますから、松は松として緑なる姿、花は花として紅《くれない》なる姿は、そのものとして正しい姿と申さねばなりません。夏になれば暑く、冬になれば寒いという道理は、これ偽《いつわ》らざる姿ではありませんか。あるいは、天は高く、地は低く、日は東天より出て、西天に没するということは、これ皆、真実に、そのもの、そのものの正しい姿でありまして、み仏のお姿と云うも、これを外にして、別に在るものではありません。これは皆、み仏のお姿がそのままに表われているので、いかなる姿も仏ならざるものはないということになるのであります。故に、これを「実相無相《じっそうむそう》、微妙《みみょう》の法門《ほうもん》」と申しておりますが、実に不可思議微妙《みみょう》のお姿であって、ただこの偽らざる姿を、そのままに見て悟る人こそ、ほんとうに、み仏の心になった人と云うことが出来るのであります。

六　仏に対する間違った考え

しかし、ここに間違えてはならぬことがあります。それは、仏の心になるということは、自分の心の外に、そうした心が、他からさせたとか、あるいは、自分の修治《しゅうち》造作《ぞうさ》に依って得たもののように考えるのは、決して正しい見方ではありません。普通一般の説明から云いますと、我々凡夫が、み仏になろうとして努力し、いろいろに修行を積み、長い年月を経て後に成仏《じょうぶつ》するもののように解釈するのでありますが、それは間違った考えというものであります。本来が凡夫であるとか、仏であるとかという差別があるものではなく、実際は一であらねばならぬのであります。常に、これを生仏一如《しょうぶついちにょ》と申しまして、衆生の外に仏があると云うのではありません。衆生本来仏《しゅじょうほんらいほとけ》でありまして、水と氷とのようなもので、水を離れて氷があるのではありません。本来が一であらねばならぬものであります。これが右の手である、これが左の手であると云って、別々に引き離して、別々の仕事をなすべきものではなく、必ず一体となって、一の仕事をなし、しかも自由自在の働きがなくては、手としての妙所《みょうじょ》は表われぬのである如く、今の合掌の原理も、左の手は衆生界であり、右の手は仏界《ぶっかい》を表示したものというのでありますから、この両手が、ぴったりと合わされ、一体となって合掌され、無心になって、おがむ我れも、おがまれる如来もなく、一心不乱になっておるところ、そこが、ほんとうの生仏一如の表われと思うのであります。

七　無明長夜の眠りより醒めよ

要するに、我々凡夫の現実は迷いであります。無明長夜《むみようじようや》の眠りに沈淪《ちんりん》して実際に、ものの正しい姿を拝むことが出来ないものであります。長らく迷いの旅を続けて、何《いず》れの時、醒める時節があるのでありましょうか。さて、これを呼び醒ますためには、仏の御教に依らなければならぬので、日夜に無常の嵐が、常に警鐘乱打《けいしようらんだ》されているのであります。自分の親に別れたとか、妻に先立たれたとか、あるいは、いとしい子供が重い病の床についたとか、隣り近処の人々が、いろいろの災厄《さいやく》に出会って、艱難辛苦《かんなんしんく》を嘗《な》めているとかということを、まのあたり見せつけられては、ほんとうに、心から人生の無常が骨身《はねみ》にしみ込み、自己の運命の哀れはかなきことも、しみじみと思い知られて、そこに、自然に、み仏にすがる心が起り、合掌の姿となって表われ、一心不乱に、礼拝恭敬《くぎよう》の心を孕《はら》ませるものであります。故に、この人生の無常とか、自己の運命の帰結《きけつ》するところなどを、深く考えましたときには、いかなる人でも、み仏に引き付けられるのであります。すなわち、これが衆生を仏に結び付ける唯一の連鎖《れんさ》とでも申すべきもので、ほんとうに、心から合掌の心を孕ませるものであります。衆生は、これに依って仏界《ぶつかい》に入り、仏界は、これを垂《た》れて衆生界《しゆじようかい》に出られるのであります。『観無量寿経《かんむりようじゆきよう》』にも「仏心とは大慈悲心これなり」と云うてある如く、み仏の心は大慈悲心の全体でありまして、み仏の内心が衆生のために燃えて、仏道に到らしめようと努め給うお心が、同時に衆生の心に通じて、ほんとうに有り難いと解ったところ、そこに衆生の心は仏心に依って全領《ぜんりょう》せられ、衆生心即仏心《しゅじょうしんそくぶっしん》となり、日常の行住坐臥《ぎょうじゅうざが》がことごとく仏《ぶっ》作仏行《さぶつぎょう》となって表われ、ほんとうに、ものの正しい姿が見られ、初めて己れならざる己の本来の真面目《しんめんもく》を自覚することが出来るのであります。そこを生仏一如《しょうぶついちにょ》のところと云い、合掌の原理も、これを外にして何物もないのであります。

なお、合掌の原理として、生仏一如の外に、定慧一体《じょうえいったい》であるとか、福智円満《ふくちえんまん》であるとかという意味もあります。あるいは行者の立場に立って云えば、止観双修《しかんそうしゅ》であるとか、解行相資《げぎょうそうし》であるとかいう意味もあります。また、これを十指の方面から説明を加えるならば、十波羅蜜《ばらみつ》円満《えんまん》具足《ぐそく》であるとか、五根《ごん》五力《りき》の正しい姿であるとかいうことも出来ましょうが、これらの説明は却って煩《はん》瑣《さ》に流れて、むずかしい問題になるのでありますから、深く立ち入って、説明することを止《や》めましょう。要は生仏一如の道理と同じく、それに依って、他は例知《れいち》したならば良いと思います。

第七章　合掌と供養

一　十種の供養

『法華経法師品《ほけきょうほうしほん》』には妙法《みょうほう》を弘める、五種法師《しゅほっし》と、十種供養《しゅくよう》とが明かしてあります。その十種供養には、一に華《はな》、二に香《こう》、三に瓔珞《ようらく》、四に抹香《まっこう》、五に塗香《ずこう》、六に焼香《しょうこう》、七に繒蓋幢幡《そうがいどうばん》、八に衣《え》服《ぶく》、九に伎楽《ぎがく》、十に合掌というように説いてあります。故に、この『法華経』のことを『十種供《しゅく》養経《ようきょう》』とも申しております。『増鏡《ますかがみ》』にも「十種供養の経二部《きょうにぶ》」というような言葉が出ております。また唐土《とうど》に於ては、鳩摩羅什《くもらじゅう》三蔵が、この経を翻訳しまして後、この経を供養せられるのに、この十種の供養の順序に依って用いられたという話もあります。また日本に於ても、慈覚《じかく》大師が比叡山横川《ひえいざんよかわ》の杉の洞《ほら》にて、如宝経《にょほうきょう》を行われました時、この十種の供養をなされたということであります。

いま、この十種の供養について考えて見ますと、その最後に合掌を加えております。すなわち十種供養の一に合掌を数えておりますから、合掌と供養との間に深い関係のあることを知ることが出来るのであります。また『蘇悉地経《そしつじきょう》』にも、四種供養と云って、第一に合掌、第二に閼伽《あか》(Argha 梵語であって、功徳水《くどくすい》と翻訳している。仏菩薩に供養する浄水《じょうすい》を云うのである)、第三に真言印契《しんごんいんげい》、第四に運心《うんじん》の四種を挙げ、『大日経疏《だいにちきょうしょ》』にも、香華《こうげ》、合掌、慈悲、運心の四種供養のことが説いてあるように思います。

二　合掌は供養の第一である

ことに、この合掌のことを普《ふ》供養《くよう》の印《いん》と申しております。これは前にも申しました通り、一切《さい》供養《くよう》の印とか一切供養最勝出生《しゅっしょう》の印とか云っております。故にこの合掌には、あらゆる一切の広大《こうだい》供養《くよう》を出生《しゅっしょう》する最勝《さいしょう》の作用があるもので、供養の第一は、この合掌の形であるとも伝えております。もちろん、合掌の形には、合掌の心が添《そ》わなければなりません。合掌の心の添わない合掌の形は、それは空虚《くうきょ》であって、所詮《しょせん》それは無意味のものとなるのであります。故に、先ず一心に合掌の心を打ち込んで、ほんとうの礼拝をいたしませば、それが供養中の大供養となるものであります。いろいろの香華《こうげ》、灯明《とうみょう》、飲食《おんじき》なども、この合掌の心一心《しん》になって礼拝するという心が、こもらねばならぬと云うのであります。『合掌叉手本義篇《がっしょうしゃしゅほんぎへん》』の中にも、

これ供養中の大供養なり、香華等は、悉《ことごと》く是れ、この合掌の内より流出《るしゅつ》するが故に、この義、

詳《つまびら》かに幽林清話《ゆうりんせいわ》に、之れを弁《べん》ずるが如し。

と申してあります。

三　供養の説明

供養ということは、供給資養《くきゅうしよう》の義でありまして、供給《くきゅう》とも供施《くせ》とも云います。あるいは略して供と云うこともあります。曼荼羅供《まんだらく》、水天供《すいてんく》、聖天供《しょうでんく》、御影供《みえいく》などと申しまして、単に供の一字で、供養の義を表わしております。すなわち、飲食《おんじき》、衣《え》服《ぶく》、臥具《がぐ》などを以って、仏法僧《ぶっぽうそう》の三宝に供養するのでありますが、あるいは父母、師長などにも供養して資養《しよう》すると云うので、これを弘く供養と申しております。それになお、広義《こうぎ》に解釈して、あるいは亡者のためにするものを追善《ついぜん》供養と云い、餓鬼のためにするものを餓鬼《がき》供養と云い、虫のためにするものを虫《むし》供養と云い、その他、蚕《かいこ》供養とか、解剖《かいぼう》供養とか云うものもあります。また、仏を慶《けい》するものを開眼供養《かいげんくよう》、経を供養するものを経《きょう》供養、一切経《さいきょう》供養、書写《しょしゃ》供養、読誦《どくじゅ》供養などと云い、僧を供養するものを僧《そう》供養、百僧《そう》供養、千僧《そう》供養と云うものがあります。あるいは鐘楼《しょうろう》の供養とか、本堂の供養とか申しまして、いろいろの供養があるのであります。

このように、供養の名は、一般に弘く用いられておりますが、その意味につきましても、また、いろいろの深い意味があります。あるいは香華《こうげ》、飲食《おんじき》などの財物を供養する財《ざい》供養もありますれば、また法門《ほうもん》を説き、一切衆生を利益する法《ほう》供養もあります。あるいは諸仏如来《しょぶつにょらい》を供養する出纏《しゅつでん》供養もあれば、また、一切衆生を供養する在纏《ざいでん》供養もあります。あるいは利《り》供養、敬《けい》供養、行《ぎょう》供養の三種あり、あるいは飲食《おんじき》、衣《え》服《ぶく》、臥《が》具《ぐ》、湯薬《とうやく》の四種供養あり、あるいは塗香、華、焼香、飲食、灯明の五種供養あり、あるいは閼伽《あか》、焼香、華、焼香、飲食、灯明の六種供養あり、その他、八種供養、十種供養、十六種供養、二十種供養など、いろいろの説がありますが、いま、これを悉《ことごと》く説明すると云うことは、却《かえ》って煩瑣《はんさ》に流れるのみでありますから、それは避けて、ただ、その眼目《がんもく》となるところを申しまするならば、供養は供養するものの心が添《そ》わねばならぬと云うことであります。

『大日経疏《だいにちきょうしょ》』にも、「世尊説くが如き、諸《もろもろ》の供養の中には、心をもっとも上《じょう》となす。」と云われております。形だけの合掌では供養にならぬのであります。いかに多くの飲食、衣服、臥具などを供給《くきゅう》しましても、それに、ほんとうの供養するものの心が、こもっていなければ、それは供養の意味をなさぬものであります。それと反対に、たとえ、供養するものは、極めて少しのものでも、それに、ほんとうの心が加わっておれば、それが誠の供養となるもので、長者の万灯よりも、貧者《ひんじゃ》の一灯の方が、遙《はる》かに尊いのであります。

四　供養するものの心持ちが第一

しかしなお、供養するものが、たとえ少しでもあれば良ろしいが、もしない場合は、供養が出来ないのであるかと云うと、そうではありません。ただ供養の眼目となるのは、その供養する人の心持ちが第一でありますから、先ず、その人の親切な、切ない心だけでも、ほんとうに供養したならば、それが無量の供養となるのであります。故に『蘇悉地経《そしつじきょう》』にも『大日経疏《だいにちきょうしょ》』にも、四種供養を挙げ、最後に運心を挙げて、供養は運心に結帰《けつき》するものということを示されております。すなわち『蘇悉地経』の文のみを引けば、左の通りに出ております。

もし塗香、焼香、花、及び飲食の献《けん》ずべきものなくんば、但《た》だ本色真言《ほんじきしんごん》を誦し及び此の手印《しゅいん》、此れを以って之を献じ、表して供物の求め得べきものなしと云いて、但《た》だ真心《しんしん》を納《い》れ、後に閼《あ》伽《か》を作《な》さば、真心を以っての故に、速かにその願を満ぜん、此を離るる外に四供養あり、遍《あまね》く諸部に通じ、一切処《さいしょ》に用う、一に謂《い》わく合掌《がっしょう》、二に閼伽を以ってし、三に真言及び莫捺羅《ムドラ》(Mudrā印契《いんげい》のこと)を用い、四に但《た》だ心を運ぶ、此の善品《ぜんほん》の中、力に随《したが》って作《な》すべし。あるいは復《ま》た長時供養中《ちょうじくようちゅう》には、もっとも運心《うんじん》に過ぎたるはなし、世尊説くが如き諸法行中《しょほうぎょうちゅう》、心をその首《しゅ》となすと、もし能《よ》く心を標《ひょう》じて供養せば、一切の願《がん》を満ぜん。

五　ビクトリア帝と仏国の少女

釈宗演《しゃくそうえん》禅師の『箇《こ》中《ちゅう》の楽地《らくち》』というものを読んで見ますと、その中に「宗教的信念《しゅうきょうてきしんねん》の発揮《はっき》」ということが説いてあります。いま、その例話として、ビクトリア帝《てい》とフランスの少女のことが挙げてあります。

彼《か》の有名なる英国のビクトリア帝の如き、もっとも慈慮《じりょ》に富ませられたる賢君として、種々なる逸話《いつわ》が伝えられておる。その一例とも見るべきは王の齢《とし》漸《ようや》く五六歳の頃《ころ》、ある時市中に逍遥《しょうよう》された。もっとも外国では非公式の場合は、帝王と雖《いえど》も極《きわ》めて簡単なものである。そこでビクトリアはある玩具《がんぐ》店《てん》の前を通ると、其処《そこ》には小児《しょうに》の好きそうな誠に珍らしいおもちゃがあった。其価《そのあたい》を問うと三円であると云うが折悪《おりあし》くポケットには三円の持合わせがなかったので、急いで御住居に帰り、それだけの金を持って、件《くだん》のおもちゃを買取った。子供心に嬉《うれ》しくて堪《たま》らぬ位、頬摺《ほうずり》して帰る途中に慌《あわ》れなる乞食《こじき》が路傍《みちばた》に立っていた。これを一目見たビクトリアはそぞろ同情の念《ねん》抑《おさ》え難《がた》く、再《ふたた》び前の店に立戻って「折角買求《せっかくかいもと》めたが暫時《ざんじ》都合《つごう》があるから、金を返して下さい、おもちゃは更に金《かね》を持って買いに来ます」と云って三円を受取り、悉《ことごと》く乞食に与えて了《しま》ったという事である。些細《ささい》の同情心《どうじょうしん》が軈《やが》て世界的の仁君《じんくん》と称せられるに至りしも、要するに宗教的感化がその素因《そいん》となったのである。

又、フランスのパリに美しき心を持った三人の少女があって、ある日、連れ立って散歩をしていると、乞食がおったので、一人は十銭を与え、他の一人は二十銭を与えたが、最後の一人は折悪《おりあ》しく一銭の持合わせもなかった。併《しか》し溢《あふ》れる同情心はそのまま行過《ゆきすぎ》る事が出来ない。依って乞食の汚れたる頬《ほほ》に紅薔薇《べにばら》の如き唇《くちびる》より熱き接吻《キッス》を与えて過ぎ去ったということである。

これに依って深く考えて見ますると、物を人に施すということは、その内面に美しい心があって、始めて立派な行為となって表われるのであります。すなわち、内心に燃ゆるが如き同情心があってこそ、実に尊い、外面の行為となって溢《あふ》れるのであります。故に、その行為が、その人その人で相違しておりましても、同じ美しい心からの発露《はつろ》であります。また、これを同一人の上に於て見ましても、その場その場に依って相違することがありましょうが、ただ、外面に表われた形だけで彼《か》れ是《こ》れと云うべき筋道《すじみち》のものではありません。たとえ十銭二十銭を施しましても、あるいは施すべきものがないと云うので、心からの同情の言葉を与えさえすれば、それが立派な行為でありまして、その間に、決して甲乙をつけるべきものではありません。要は心の問題であります。ほんとうに合掌するという心になって一切に供養しましたならば、それが供養の本義に契《かな》い、また一切の行為、四六時中の動作が、悉《ことごと》く合掌の中に収まってしまうのであります。

六　行為の全体が供養とならねばならぬ

供養と云いますれば、何か人に物を施さねばならぬと早合点する人もありましょうが、実際は、我々の行為の全体が供養にならねばならぬのであります。我々の日常の生活は、供養を離れて、外に存在するものではありません。すなわち、自分を利し、他人を利し、国家社会より、広くは三界の世界までも、利益を与えようという立派な行為であったならば、それが直ちに、神や仏に対する立派な供養となるもので、この供養の行為を離れて、外に我々の日常の生活はないことになるのであります。

第八章　合掌と念珠

一　念珠は仏教信者の標幟

仏教信者として念珠《ねんじゅ》を知らない人はありますまい。念珠を以って仏教信者の標幟《ひょうしき》となし、仏前に礼拝する時には、必ず此の念珠を用いるという習慣になっております。念珠がなければ、何だか仏教信者としての資格がないように、気が引けます。寺院に参詣し、仏前に礼拝しましても、念珠がなければ、参詣したという気にもなれず、礼拝にも物足りなさを感ずるのであります。

ほんとうに念珠を持って、み仏の前に跪《ひざまず》き、ぬかずき一心におがんでおる姿の尊さは、云うに云われぬ崇高《すうこう》さであります。いかなる言葉も、いかなる所作も、純真な信仰心の姿には及びません。その純真な信仰心の姿には合掌を以って表示され、念珠を以って表現され得るものと思います。いわば念珠は純真な仏教信者であるという標幟であります。この念珠を持っておる人には、決して世の罪悪はないものと見られ、そこに出世間的な、一種云い得ぬ信仰心の尊さ、有り難さを感ずるのであります。

二　仏式結婚と念珠

近時、仏式結婚ということが行われます。それは神前結婚から転じたものでありましょうが、み仏の前で、新郎新婦が偕老同穴《かいろうどうけつ》の契《ちぎ》りを結ぶ儀式であります。その儀式には新郎新婦が互いに持っておる念珠を交換するということが行われます。すなわち、新郎新婦は共に仏教信者である。純真な信仰心に依って、この結婚式を挙げるからには、新郎の心は新婦の心に、新婦の心は新郎の心に、互いに融和《ゆうわ》し、渾《こん》一となって、異体同心《いたいどうしん》に、終世を送るという意味から来たものであろうと思います。いわば仏教信者の新郎新婦には、何の偽《いつわ》りがありましょうや。純真の心を出発点として、一生の舟出をするのであるということを、念珠に依って表示せられ、互いに交換して、仏陀の照鑑《しょうかん》を仰ぎ、深く誓うところに、尊いところがあるのであります。故に念珠は、仏教信者の道具に過ぎぬものではありますが、その精神の表現として見ますと、これほど尊いものはありません。ただ僅《わず》かに一連の念珠ではありますが、そこに仏教信者の全体は発露されておるのであります。されば、この念珠を持っておる人、この持っておる人の精神に依って、実にその尊さを増すものであります。ほんとうに心《こころ》から、魂《たましい》を打《う》ち込《こ》んで仏教を信仰しておる人には、その持っている念珠に、云うに云われぬ尊さが宿るものであります。彼《か》れ是《こ》れと云えるものではありません。なんらの説明も及ばず、なんらの批評《ひひょう》をも加えられないものであります。ただ、この地上の世界、現世の垢《あか》じみた人類の世界に、こうした尊い姿があるものかと思わしむるのみであります。

三　念珠を持って力強い信仰に活きよ

しかし翻《ひるがえ》って考えて見ますと、この尊い心域《しんいき》に到り達するには、容易なことでは到り達することが出来ません。そこには長らくの修錬《しゅれん》と、実際に魂《たましい》を打ち込んだ真剣味《しんけんみ》とがなくてはならぬのであります。すなわち、一朝一夕に得られた浅い信仰でなく、真面目に、深く食い込んだ信仰の力が、その人の精神に宿り、その人の念珠を持つ尊さに表われるのであります。故に、それまでには、いろいろ信仰のことを聞かねばならぬ。合掌の話も、念珠の話も、その他、あらゆる仏菩薩のお話も聞いては喜び、漸次《ぜんじ》に、深い信仰心を獲得《かくとく》しなければならぬと思うのであります。されば今、私がいろいろの経典の中から、経文を引いて、この合掌と念珠とのお話を説明するのも、やはり信仰心獲得の一順序として、いろいろの心得を述べたり、いろいろの功徳利益を明かすのに外ならないのでありますから、どうか、仏教信者として、何はさておき、先ず合掌のお話と、この念珠のお話とを心得て、力強い信仰の力で、ほんとうに、心から念珠を持つ気になって頂きたいと思うのであります。

世間一般の人は、その多くが殆んど無関心に念珠を持っておられるのではないであろうか。他の仏教信者が持っておられるから、自分も持たなければならぬ、何だか仏事に念珠を持たないと、礼儀が欠けて、甚《はなは》だ意味をなさないように考え、きまり悪げに念珠を持つという人が多いように思われますが、それでは誠に残念であります。折角、念珠を持ちながら、念珠に対する少しの智識もないということは、それこそ、全く意味をなさないことになるので、仏教信者とは云えないのであります。故に私は、ここに念珠というものの功徳利益を説き、こういう心得で持たなければならぬということを述べ、一般の仏教信者にお勧めしたいと思ったのであります。もとより念珠の中に、こもっておる深い仏教の御法《みのり》のことは、一般の仏教信者には少し分りにくいかも知れませんが、それはまた、別に深く研究することとして、今は先ず、大体に於ける念珠のお話だけを心得て頂きたいと思うのであります。

四　念珠は外見を飾るものではない

なお、ここに注意しなければならぬことは、念珠というものは道具であります。道具でありますから、そこに道具を好むという一種の弊害に陥《おちい》ります。なるべく立派な念珠を持ち、高価な念珠を持って、外見を飾ろうとする心があります。浅ましい凡夫の心として、無理もないことではありましょうが、しかし念珠本来の意味を忘れて、念珠を立派に飾って、外見を競《きそ》おうとするのは、いかにも醜悪《しゅうあく》な心ではありませんか。そこに、浅ましき凡夫の心が、まざまざと表われているではありませんか。

念珠は決して道具として好むものではありません。好んで、いろいろの念珠を愛用するならば、寧《むし》ろ念珠を用いる必要はありません。却って醜悪な心を持つようになって、罪業《ざいごう》を増すばかりであります。すなわち、純真な信仰心の表現としてする念珠を持つのでありますが、その念珠を悪用して、自分の醜悪な心を飾るために、一種の道具として愛用するならば、それは罪業を増すばかりで、決して純真な信仰心が孕《はら》むものではありません。

往昔《むかし》、醍醐《だいご》に乗願房宗源《じょうがんぼうしゅうげん》という人がありました。非常に道心ふかく、法義《ほうぎ》にも達し、多くの帰依者《きえしゃ》もあったということであります。しかるに、ある高貴の婦人より沈香《じんこう》の念珠を拝領して、それを非常に愛用し、その念珠に依って、昼夜怠《おこた》りなくお念仏を唱え、修行に励《はげ》まれたのでありますが、不思議なことには、ある修行者が、そこに表われて「その念珠は出離を妨ぐべきものである」と云い、念珠を奪って、火中に投げ捨てたという話があります。これは乗願房が念珠を愛用し「立派な念珠である」「他の人よりも高価な念珠を持っておる」という慢心《まんしん》が萠《きざ》し、生死を解脱すべきがために、お念仏を唱えておるのに、その心は愛心を生じ慢心が萠し、魔界に引き入れられ、出離解脱《しゅつりげだつ》の障礙《しょうげ》となったということを戒しめられたものでありましょう。

五　念珠を持つべきものの心得

念珠は愛用すべきではありません。しかし、純真な仏教信者であれば、念珠は倍々《ますます》その功徳を増し、利益を得ることは無量であります。故に心ある人は、「念珠を捉《と》ることを須《もち》いざれ、合掌して知るべし」と云い、あるいは「我れは則ち出入《しゅつにゅう》の息を以って念珠となす」と云われております。念珠を持って、罪悪を重ねるよりも、寧《むし》ろ念珠を用いずして、心からほんとうに合掌し、出入の息を調えて、心を乱さなかったならば、念珠を用いずして、しかも念珠を用いるよりも勝《まさ》るという意味になります。徒《いたず》らに外見を飾り、その内心が空虚《くうきょ》であり、醜悪であっては、決して純真な信仰心が孕《はら》むものではありません。私は更に稿を改めて、この念珠のお話を委《くわ》しく述べ、信仰のお話に及びましょう。

第二篇　念珠のお話

思《おも》ひ入《い》れて摺《す》る数珠《じゅず》音《おと》の声《こえ》澄《す》みて
おぼへずたまる我《わ》が涙《なみだ》かな

第一章　念珠の起源

一　念珠に関する経典

念珠《ねんじゅ》の起源は釈尊の御説法から始まっております。しからば、いかなる経典に御説法になっているかと申しますと、それはいろいろの経典に出ておりますが、今、その中に於て特に有名なもののみを挙げるならば

一、仏説木槵子経《ぶっせつもくけんしきょう》　一巻　失《しっ》訳《やく》

二、曼殊室利呪蔵中校量数珠功徳経《まんじゅしりじゅぞうちゅうこうりょうじゅずくどくきょう》　一巻　義《ぎ》浄《じょう》訳

三、仏説校量数珠功徳経《ぶっせつこうりょうじゅずくどくきょう》　一巻　宝《ほう》思《し》惟《い》訳

四、金剛頂瑜伽《こんごうちょうゆが》念珠経《ねんじゅきょう》　一巻　不《ふ》空《くう》訳

この四種の経典は、共に『大正新脩大蔵経《たいしょうしんしゅうだいぞうきょう》』第十七巻に載せてあって、第一は念珠の起源を示し、第二第三は同本異訳で、念珠の有り難い功徳を述べ、第四は念珠の製法について明かされ、特に密教的に、いろいろと委《くわ》しく説明せられております。

いま私が、この稿を書くのに、以上の四種の経典を唯一の参考書となし、またそれ以外の経典としては、『大正新脩大蔵経』第十八巻に収めてある左の経典、

一、諸仏境界《しょぶつきょうがい》摂《しょう》真実経《しんじつきょう》　三巻　般若《はんにゃ》訳
二、仏説《ぶっせつ》大悲《だいひ》空智《くうち》金剛大教王儀軌経《こんごうだいきょうおうぎききょう》　五巻　法護《ほうご》訳
三、蘇悉地《そしつじ》羯囉経《からきょう》　三巻　輸波迦羅《ゆばから》訳
四、蘇婆呼《そばこ》童子《どうじ》請問経《しょうもんきょう》　三巻　同上
五、妙臂菩薩《みょうひぼさつ》所問経《しょもんきょう》　四巻　法天《ほうてん》訳
六、陀羅尼《だらに》集経《じっきょう》　十二巻　阿地瞿多《あじくた》訳

また同じく第十九巻に収めてある左の経典、

一、金剛頂経《こんごうちょうきょう》一字《いちじ》頂輪王儀軌《ちょうりんおうぎき》　一巻　不空《ふくう》訳
二、仏頂尊勝《ぶっちょうそんしょう》陀羅尼《だらに》念誦儀軌法《ねんじゅぎきほう》　一巻　同上
三、守護《しゅご》国界主《こっかいしゅ》陀羅尼経《だらにきょう》　十巻　般若《はんにゃ》共牟尼室利《むにしり》訳

また同じく第二十巻に収めてある左の経典、

一、観自在《かんじざい》菩薩《ぼさつ》如意輪《にょいりん》念誦儀軌《ねんじゅぎき》　一巻　不空《ふくう》訳
二、十一面《めん》観自在《かんじざい》菩薩《ぼさつ》心密言《しんみつごん》念誦儀軌経《ねんじゅぎききょう》一巻　同上

三、千手《じゅ》千眼観自《げんかんじ》在菩《ざいぼ》薩修行儀軌《さつしゅぎょうぎき》経《きょう》一巻　同　上

四、仏説准提大明陀羅《ぶっせつじゅんていだいみょうだら》尼《に》経《きょう》　一巻　金《こん》剛《ごう》智《ち》訳

五、大方広菩《だいほうこうぼ》薩蔵文殊師《さつぞうもんじゅし》利《り》根本儀《こんぽんぎ》軌経《ききょう》二十巻　天《てん》息《そく》災《さい》訳

等《など》には、ところどころに念珠に関係した御説法がありますから、それらを証拠とし、また多くの祖師方の御意見をも取り入れて、大体に於ける念珠の意味を申し上げようと思うのであります。

二　念珠の読み方

先ず念珠《ねんじゅ》のことを常に数珠《じゅず》と申しております。あるいは珠数《じゅず》とも書いております。これを読んで「ジュジュ」とも、「ジュズ」とも、あるいは「ズズ」とも云っておりますが、その中、一般には「ジュズ」と読まれているように思われます。念珠は申すまでもなく小さな珠を数多く糸に連《つら》ねて、環《わ》のような形に造り、これを手に掛けて、み仏の前にぬかずき、礼拝するときに用いる道具となっております。あるいは両手で揉《も》んで、一心に唱名念仏する人もあれば、あるいはただ単に片一方の手に掛けている人もあれば、あるいは両の掌《たなごころ》を内に入れて、組み合わせる人もありますが、要するに、念珠は仏菩薩を礼拝し、一心に唱名念仏、誦経祈《き》禱《とう》する時に用いるものとされているように思います。

三　念珠の用法

けれども、念珠の実際の用法は、ただ手に掛けているというだけのものではありません。両手で念珠を採むというようなことは、却って違法でありまして、真実の意味に於ける念珠の用途は、仏教信者が、仏菩薩の御前《みまえ》にぬかずき、一心に真言陀羅尼《しんごんだらに》を唱える時とか、あるいは唱名念仏を唱える時に、その数を取って、七遍唱えたとか、二十一遍唱えたとか、乃至は一百八遍、一千八十遍唱えたというように、数を記憶するために、念珠を用いるのが本意のように思います。

四　念珠の起源は経典にあり

この念珠のことを印度では鉢塞莫《ハツマ》と申しております。すなわち『釈氏要覧《しゃくしようらん》』には、

牟黎曼陀羅呪経《むりまんだらじゆきよう》に曰《いわ》く、梵語《ぼんご》に鉢塞莫《ハソマ》、梁《りよう》（中国の梁《りよう》の時代のこと）には数珠という。此れ乃《すなわ》ち下根《げこん》を引接《いんしよう》して、修行を牽課《けんか》するの具なり。

と申してあるのが何よりの証拠であります。

この念珠の起源に関しては、『仏説木槵子経《ぶっせつもくけんしきよう》』に委《くわ》しく出ております。いま、その大体の意味を申しますならば、釈尊が耆闍崛山《ぎじゃくつせん》（Gṛdhrakūṭa 訳して霊鷲山《りようじゆせん》と云い、常には霊山《りようぜん》と呼んでおり

ます）の中に在《まし》ました時、波流離国《はるりこく》の使者が参りまして、釈尊に申し上げるには、

我が国は辺小であって、頻《しき》りに寇賊《こうぞく》に遭《あ》い、国内の疫病と共に、国民の困苦は言語に絶している状態であります。故に国王の心痛は一方ではありません。何とかして如来の威神力《いじんりき》に依り、これを救済せられる要法はないものでありましょうか。

と歎願したので、ここに釈尊は、

未来衆生のために巧方便《ぎょうほうべん》がある。今汝《なんじ》のために説き示そう。先ず木槵子《もくけんし》一百八顆《か》を貫ねて、行《ぎょう》住坐臥《じゅうざが》、常に念持して、至心に仏陀《ぶつだ》の名、達摩《ダルマ》の名、僧伽《そうぎゃ》の名即ち三宝の御名を唱えては一過《か》し、これを十遍し、二十遍し、百乃至百千万遍したならば、現世には煩悩障《ぼんのうしょう》、報障《ほうしょう》を消滅し、当来には天上の楽果《らくか》を得、更に念誦して怠《おこた》らなかったならば、百八の煩悩を断除して、無上の果徳を証することが出来る。

とお示しになったのである。そこで国王は木槵子《もくけんし》の念珠を千具《ぐ》作り、六親眷属《しんけんぞく》に分ち与えて、共に念誦したところが、その功徳広大であったということを讃歎しているのが、そもそも此の念珠の起源であります。委しいことは『仏説木槵子経』に出ておりますから、見ると良ろしい。

五　念珠の起源は過去無量劫已前からである

しからば、念珠の起源は『仏説木槵子経』に出ている如く、釈尊が始めでありまして、波流離《はるり》王《おう》のために御説法になったのが最初のように思われますが、しかし、これは随機《ずいき》の一因縁《いんねん》に過ぎません。その実は、諸仏の既《すで》に説き玉《たま》えるところで、過去無量劫已前《むりょうこういぜん》より、念珠を用ゆべきことをお示しになっているので『諸仏境界摂真実経《しょぶつきょうがいしょうしんじつきょう》』にも、

> 即ち、是れ過去《かこ》無量恒河沙《むりょうごうがしゃ》の諸仏の説くところ、一百八数を念珠の量とす。

と云っております。

また『守護国界主陀羅尼経《しゅごこくかいしゅだらにきょう》』にも、

> 諸仏の説くところの珠《たま》に一百八あり、乱心を摂《おさ》めて馳《は》せず。

とあります。また委《くわ》しい説明は『念珠略詮《ねんじゅりゃくせん》』に出ております。いまその本文を挙げるならば、先ず『仏説木槵子経《ぶっせつもくけんしきょう》』の釈尊の因縁を挙げて、

> 但し是れは仏の随機の一縁なり。しかも実には、無始本有《むしほんぬ》の法則なり、謂《いわ》く、曼荼羅尊《まんだらそん》の三昧《ま》耶形《やぎょう》に数珠《じゅず》鬘《まん》あり、准提仏母《じゅんていぶつも》、不空羂索《ふくうけんさく》、十一面観音、千手観音等の所持物の中に数珠あるは、皆これ法仏法然《ほうぶつほうねん》の標幟《ひょうしき》なり。釈迦如来の今新たに造り出し玉《たま》う物に非ず、また天竺《てんじく》の事火外道《じかげどう》

の本尊とする火天《かてん》の持物にもまた数珠《じゅず》あり、此等は仏出世已前《いぜん》よりあることなり。故に実には、自然無作《じねんむさ》の法具と知るべし。これ秘密の深旨《じんし》なり。聊爾《りょうじ》に存すべからず。

と申しております。故に、念珠の起源は、既に久しい已前のことで、諸仏諸尊のお示しになったところであります。しかし、釈尊が随機の一因縁に依って、念珠の功徳を説き、大いに尊重愛用《そんじゅうあいよう》せよとお勧めになってから、世間一般に流布し、終《つい》には今日の如く、仏教信者であれば、必ず念珠を持たなければならぬようになったのであります。

第二章　念珠の種類

一　経典に於ける念珠の種類

念珠の種類については沢山にあります。先ず初めに、念珠の顆数《かすう》から、いろいろと説明を加えて見ましょう。『金剛頂瑜伽《こんごうちょうゆが》念誦経《ねんじゆきょう》』に依りますと、

念珠を分別して四種あり、上品《じょうぼん》と最勝《さいしょう》と中下《ちゅうげ》となり、上品とは一千八十珠、最勝とは一百八珠、中品とは五十四珠、下品とは二十七珠なり。

というように示《しめ》してあります。これと同じ説では『文殊儀軌《もんじゆぎき》経《きょう》数珠儀則品《じゆずぎそくほん》』に、千八十珠を最上となし、百八珠を上品、五十四珠を中品、二十七珠を下品としております。

また『校量数珠功徳経《こうりょうじゆずくどくきょう》』に依って見ますると、四種を挙げております。その内容は前と少しく相違して、

一百八顆を以って満数とし、それを得ること能《あた》わずば五十四顆、あるいは二十七顆、あるいは十四顆を用ゆべし。

と云っております。これと殆んど同じ説では『陀羅尼集経《だらにじっきょう》』第二巻に、一百八珠を以って満数《まんすう》とし、あるいは五十四、あるいは四十二、あるいは二十一というように出ております。終りの二種のみが前と相違しているようであります。

二　経典以外の二種の念珠

かくの如く念珠の顆数については、種々に相違がありますが、いま、これを綜合して見ますと、念珠の顆数に七種の相違があるように思います。すなわち、千八十、百八、五十四、四十二、二十七、二十一、十四というように区分することが出来るのであります。しかし、この七種の念珠以外に、三十六の顆数を列ねた念珠と、また十八の顆数を列ねた念珠とがあります。これは一般的に使用せられているようで、前者は多く浄土宗の人が用い、後者は多く禅宗の人が用いているように思います。無著道忠禅師の『禅林象器箋《ぜんりんしょうきせん》』にも、

専念宗《せんねんしゅう》が三十六珠を用ゆるは、百八を三分するの一なり。携《たずさ》え易《やす》きに便《たよ》りす。近ごろ支那より来たる禅僧が十八珠を用いるは、百八を六分するの一なり、掐《つま》ぐること六遍にして、百八を満ずるのみ。

と云っております。これは念珠の満数が百八珠であります。百八珠の念珠が根本でありまして、

これを用いるのが当然のことでありますけれども、携帯に便利なと云うところよりして、これを二分し三分し、乃至は六分して十八珠の念珠とするのであります。若し十八珠の念珠を用いたとしたならば、それを六遍繰りまして始めて百八の数を得ることが出来るのでありますから、十八珠の念珠を六遍繰って百八の満数を数えねばならぬと云うのであります。

三　顆数の種類は九種類である

このように念珠の種類は沢山にあります。今まで挙げましたのは顆数の種類でありまして、(一)千八十、(二)百八、(三)五十四、(四)四十二、(五)三十六、(六)二十七、(七)二十一、(八)十八、(九)十四というように九種類になりますが、これには各々深い表示がありますから、いずれ後に委《くわ》しく述べることに致しましょう。

四　新奇製作の念珠

また念珠の種類についても、丸玉《まるだま》もあれば平玉《ひらだま》もあります。また此の頃では髑髏《どくろ》の形もあれば木魚《もくぎょ》の形に作られたのもあります。また菩薩の姿や羅漢《らかん》の姿を彫《きざ》んだ珠もありましてお経文の中に説かれてない種類の玉が沢山に用いられているようであります。

あるいは親玉《おやだま》の中へ弘法《こうぼう》様や不動《ふどう》様の御写真を入れ、それを覗《のぞ》いて拝むようにしたのも出来ておりますす。新奇《しんき》にいろいろのものを工夫して作られておりますが、これは皆、好事者《こうじしゃ》の細工したことでありまして、別にお経文の中に本拠があるという訳ではありません。

また顆数の材料にもいろいろあります。菩提子《ぼだいし》もあれば木槵子《もくけんし》もあります。象牙《ぞうげ》もあれば瑪瑙《めのう》もあります。またガラス玉もあれば水晶玉《すいしょう》もありますが、これらについては委《くわ》しく経説を挙げて、後に述べることに致しましょう。

五　数珠纂要に出ている念珠の種類

那須《なす》大慶《だいけい》師の編輯されました『諸大宗《しょだいしゅう》数珠《じゅず》纂要《さんよう》』には、二十余種の念珠の図画が挿入されております。同じ百八の念珠でも、微細《みさい》に点検して見ますと、一様に云うことは出来ません。実に多種多様のものであって、念珠の種類は非常に沢山に分れるものと思わなければなりません。いま『数珠纂要』に出ている念珠のおもなるものを申しますならば、

(一)聖徳太子《しょうとくたいし》御所持《ごしょじ》蜻蛉《とんぼ》金剛子《こんごうし》念珠――(口絵参照)

これは金剛子四十四、蜻蛉目《とんぼめ》四十、水精《すいしょう》三十から作り上げた百八の念珠であります。『源氏物語《げんじものがたり》』若葉《わかば》の巻に、「聖徳太子の百済《くだら》より得玉《えたま》える金剛子」と申してあるのは、これを云ったもの

であります。弘安元年十一月霊山《りょうぜん》定円《じょうえん》法師《ほっし》が、法隆寺へ御参詣《ごさんけい》になって、この念珠の題にて詠じ玉える歌に、「いくはくの進《すす》むこころはなけれとも、こころに掐《く》るこそ頼《たの》みなりけれ」というのがあります。またこの外に、琥珀《こはく》一連《れん》、珊瑚《さんご》一連の念珠もあります。

(二)弘法大師《こうぼうだいし》唐朝皇帝《とうちょうこうてい》より賜《たま》える念珠――(口絵参照)

これも百八念珠でありまして、菩提子九十二、水精十六にて、貫線《かんせん》は赤色のものであります。また別に、半数は印子《いんし》、半数は黒玉の百八念珠を賜わっております。また師匠の恵果《けいか》阿《あ》闍梨《じゃり》より受けた念珠に、百八の水晶の念珠があります。貫線は前と同じく赤色であります。

(三)慈覚大師《じかくだいし》御請来《ごしょうらい》の五部念珠――(口絵参照)

これは唐の徳宗皇帝《とくそうこうてい》より賜わった菩提子の念珠で、その数は百八あります。それに数取《かずと》りの四点が水晶の珠で加えられております。即ち七ツ目と、二十一目とに加えられているのであります。

(四)円光大師《えんこうだいし》御伝授《ごでんじゅ》の平玉《ひらだま》念珠――(口絵参照)

これは円光大師の本師《ほんし》、黒谷《くろだに》慈眼房《じげんぼう》叡空《えいくう》阿《あ》闍梨《じゃり》が、天童《てんどう》より感得《かんとく》されました平玉の念珠で、それを見真大師《けんしんだいし》に伝授され、見真大師は善性《ぜんしょう》上人へ授与されたものであります。珠の数は百八で、四点も加えられております。

(五)見真大師《けんしんだいし》御伝授《ごでんじゅ》の桐《きり》の念珠――(口絵参照)

見真大師《けんしんだいし》が弘長二年十一月二十七日、弟子の顕智《けんち》上人に授けられました百八の念珠であります。その他、大同房了仙《だいどうぼうりょうせん》に授けられました水精霊木《すいしょうれいぼく》の百八念珠もあります。また、道観房《どうかんぼう》に授けられました菩提子の百八念珠もあります。

(六)百万遍《まんべん》大念珠

『阿弥陀経《あみだきょう》』に、「若《も》し人、阿弥陀仏を念じて百万遍已去《いこ》を得ば、決定して極楽世界に生るる事を得る」とあるのを、中国の道綽《どうしゃく》禅師が、「七日、専心に念仏すれば、即ち百万遍を得るなり」と教えられ、日本に於ては、聖覚法印《しょうかくほういん》が法然《ほうねん》上人の第三年の御法事に、道俗《どうぞく》を集めて、七日の間、百万遍念仏を勧められたと云うことであります。その後、元亨元年の夏、天変地災、悪疫《あくえき》流行のため、此処《ここ》に知恩院《ちおんいん》第八世善阿《ぜんあ》空円《くうえん》に命じて、御祈禱《ごきとう》をなさしめ玉うた時、善阿《ぜんあ》上人は百八の念珠十連《れん》を合わせて、一千八十の大念珠を作り、紫震殿《ししんでん》に於て、七日の間、百万遍の大念仏を唱え、大いにその利益を受けられたと申すのが、この念珠の起因《きいん》であると云うことであります。

(七)二連《れん》念珠——(口絵参照)

二連念珠の創始は、円光大師の門人陰陽師《もんじんいんようし》阿波介《あわのすけ》から始まったもので、百八の念珠を二連もち、一連にて念仏を唱え、一連にて数を取ったものでありますが、それを中世、称念《しょうねん》上人が改作されて、一連は四十顆とし、これにて念仏を唱え、一連は二十七顆の間毎《まごと》に小珠を加え、これにて数を取り、一周すれば一千遍となるのであります。更にこれに金属製の小環《しょうかん》を入れ、小環より弟子《でし》珠《じゅ》を入れた二総《ふさ》を垂れ、その一方の総には弟子珠の小粒十顆を加え、他の一方の総には弟子珠の大粒《だいりゅう》を六顆入れて、次第に数を取るようにしたものであります。すなわち、一千遍の数を記すに弟子珠の小粒《しょうりゅう》を一顆ずつ上げ、十周して十顆を上げると一万遍となります。この一万遍の時に、弟子珠の大粒を一顆上げ、漸次に累積《るいせき》して第六顆を上げる時に六万遍を唱えたことになるのであります。

また、二連念珠を半減《はんげん》して、三万遍の数を取る念珠もありますので、この二連念珠には六万掐《くり》と三万掐《くり》との二種がある訳であります。

(八)真木《しんぎ》八ツ房《ふさ》の念珠

これは嵯峨の釈迦堂に伝わる百万遍の大念珠でありまして、牛車《ぎゅうしゃ》の真木《しんぎ》で作り親玉は阿弥陀如来、観世音菩薩、地蔵菩薩、善導《ぜんどう》大師、南無阿弥陀如来、円光大師、釈迦如来、大勢至《だいせいし》菩薩の八尊を表示して、大房《おおふさ》を八方に垂れしめた一種特別の大念珠であります。委《くわ》しい因縁は『数珠《じゅず》纂要《さんよう》』に述べてありますが、今は略することに致しましょう。

第三章　百八の念珠

一　念珠の根本は百八の念珠である

念珠の種類には沢山にありますけれど、その根本となるものは百八の念珠であります。いま、百八の念珠に関する諸経の所説を挙げることに致しましょう。先ず『数珠功徳経《じゆずくどくきよう》』を見ますと、

その数珠は必ず当《ま》さに須《すべか》らく一百八顆を満つべし。

と云い、また『陀羅尼集経《だらにじつきよう》』には、

その数みな一百八珠を満つべし。

と云い、また『金剛頂瑜伽念誦経《こんごうちようゆがねんじゆきよう》』には、

一百八珠を最勝《さいしよう》となす。

と云っております。故に、一百八珠の念珠が、念珠の根本であると云わねばなりません。更に、この一百八珠の念珠について、大体の説明を加えることに致しましょう。

二　百八の念珠は何を表示するか

先ず一百八珠の念珠について、百八の顆数は百八の煩悩を表示したものと云われております。また百八尊の功徳を表示したものとか、あるいは百八三昧の功徳を表示したものとも云われておりますが、これらについては、次ぎの第四章に於て、委《くわ》しく説明することに致しましょう。この百八顆を貫《つら》ねた縄線《じょうせん》を観世音菩薩となし、この縄線に依って百八顆を貫ね、その片一方のところに五十四顆ずつあります。この五十四顆のところに母珠《ぼしゅ》を一個ずつ加えておりますが、これは無《む》量寿仏《りょうじゅぶつ》、すなわち阿弥陀如来を表示したものと云われております。

『瑜伽念誦経《ゆがねんじゅきょう》』に依って見ますと、

珠《たま》は菩薩の勝果《しょうか》を表わす。中間に於て絶《た》って漏《ろ》（煩悩のこと）を断ずとなす。縄線《じょうせん》にて貫穿《かんせん》するは観音を表わす。母珠《ぼしゅ》は無量寿《むりょうじゅ》を表わす。慎《つつし》んで驀過《まくか》すること莫《なか》れ。

と云っております。

三　母珠は一個に限る

この母珠は俗に親玉《おやだま》と云っております。すなわち、百八珠を子玉《こだま》と云うのに対して、親玉と云ったものでありましょう。元来が、この母珠と云わるべきものは、一個であります。

『陀羅尼集経《だらにじっきょう》』にも、

一百八顆の水精珠《すいしょうじゅ》を作り已《おわ》らば、また一の金珠を作りて母珠とし、又、更に十顆の銀珠を作りて以って記子《きし》に充《あ》てよ、これ即ち三宝円満《ぼうえんまん》の義なり。

と申しております。

四　二個の母珠あるは五十四珠の二連なるがためである

別に、母珠は一個であって、二個あるべきものではありません。しかるに、いま一百八顆の念珠を見ますと、多くは二個の母珠があるように思われますが、これには種々なる説がありますけれども、要するに、一個の母珠では百八珠を二分することが出来ませんから、ここに五十四珠目に他の一個の中玉を加えることになっているのではありますまいか。この中玉を漸次に大きくして、終には親玉と同じような玉を用いるようになったものではなかろうかと思われます。故に、お経文には二個の母珠のことは説かれておりません。『高雄口訣《たかおくけつ》』には、

二の母珠を無量寿仏《むりょうじゅぶつ》となし、之《これ》を貫通《かんつう》する緒《お》を観音となし、百八珠を位次《いじ》とす。

と云って、百八珠の念珠に二の母珠があるように示してあるけれども、これは決して百八珠の念

珠に二の母珠があるのではなく、五十四顆の中品の念珠を二連寄《れんよ》せ集めたもので、そこに二の母珠が出来た訳であろうと思います。『鑁上人金《ばんしょうにんこん》の沙汰《さた》』にも、

五十四、二連《れん》なり

という言葉があります。また『行法肝要鈔《ぎょうぼうかんようしょう》』にも、

この高雄口訣の二母珠《ぼしゅ》念珠は、大師御影《みえいご》御所持《しょじ》の念珠の様《よう》なり、この五十四念珠の二連を一念珠となす。

と云われているところより見ますと、弘法大師の当時より五十四顆を二連寄せ集めて一百八顆となし、二の母珠を加えたものであろうと思われます。故に、実際の百八の念珠には、母珠が一個あって、二個あると云うのではありません。生駒《いこま》の宝山寺《ほうざんじ》などに用いる一百八顆の念珠には、一母珠のみを加えているという話であります。

五　五十四珠の表示

一百八顆の念珠には母珠が一個であるけれども、これを二分して五十四珠目に一母珠の如きものを加えるのは、これは二分する必要上から加えたもので、何等《なんら》の意味をもなさないのであります。

しからば、なにゆえに一百八珠を二分するかと云いますと、それは百八珠の片一方を五十四位となし、十信、十住、十行、十廻向、四善根、十地を表示して菩薩最初の発心《はっしん》より成仏に至るまでの行位を明かしたものであります。菩薩は大悲を本とするのでありますから、観音大悲の線を以って貫ぬくのであります。すなわち、母珠は弥陀の仏果《ぶっか》であるから、五十四位の行因《ぎょういん》の子玉は、観音大悲の線に依って、弥陀の行果に達するということを表示したものでありましょう。

またある一説には、一百八珠に二母珠があると云い、一方の五十四珠は行者本有《ぎょうじゃほんぬ》の具徳《ぐとく》たる五十四位に当り、一方は修生始覚《しゅしょうしかく》の五十四位に当っているという説であります、そして、本有にも修生にも果位《かい》があると云うので、二の母珠があらねばならぬと見る説でありますが、しかし、お経文の説では、百八珠の念珠に二母珠があると云ってはおりません。恐らくは、後の学者が唱え出した説で、本来の義理には合わないものと思います。

六　十個の記子

しからば、この一百八珠の念珠に於て、二個の母珠の如く見えるものに対して、何《いず》れが母珠であって、何れが分界の一珠であるかということは、此処に母珠の方には、更に十顆の記子《きし》を加えることになっております。故に、記子のある方が母珠であると思わねばなりません。すなわち

『陀羅尼集経《だらにじっきょう》』にも、

一百八顆に依って成珠《じょうしゅ》を作る。又、一金珠《きんしゅ》を作って母珠となし、又更に、十顆《か》の銀珠を作って、以って、記子に充《み》つ。

とありますが、この記子は、一百八珠を捻《ねん》じました時、その遍数《へんすう》を記憶するために加えられたもので、その数は十顆あります。この十顆は十波羅蜜《ばらみつ》を表示したものと伝えております。またある一説では、弟子珠《でしじゅ》とも云っております。すなわち舎利弗《しゃりほっ》、目連《もくれん》等の十大弟子に当《あた》ると申しておりますが、どうも、その本拠《ほんこ》は慥《たし》かに分らないように思われます。

七　二個の露・補処の弟子

この記子《きし》についても、種々に相違しているので、単に一方に十顆あるのは、修生《しゅしょう》の一辺《ぺん》に約し、二方に十顆ずつあるのは、本有《ほんぬ》と修生との十波羅蜜《ばらみつ》を双《なら》べて表わしたものと云うのであります。また二方に五顆ずつあるのは、修生の一辺に当り五顆ずつ二方に連ねて結び、更に五顆ずつ連ねて二連の如く見えるのは、本有と修生との十波羅蜜が円融相即《えんゆうそうそく》し、互相摂入《ごそうしょうにゅう》する深義《じんぎ》を表示したものと見るので、その先きに各々雨露《うろ》の滴《したた》らんとするが如き玉のあるのは、俗に記子《きし》留《どめ》とか、露《つゆ》とか申して、福慧《ふくえ》の二荘厳《しょうごん》を表わすものと云われております。また母珠の下に一の小珠あるのは、補処《ほしょ》の弟子《でし》とも、あるいは維摩居士《ゆいまこじ》とも云っておりますが、これも慥《たし》かなる本拠《ほんご》は分らないように思います。

八　四点の珠

要するに念珠は数取りに用いるものであります。あるいは真言陀羅尼《だらに》を唱える時、あるいは念仏を唱え、題目を唱え、祖師の名号《みょうごう》、亡者《もうじゃ》の法名《ほうみょう》を唱える時に、その数取りのために用いるもので、その宗その宗で、多少の手加減《てかげん》を加えて製作せられているように思われます。喩えば、真言宗では**四点**《てん》と云って、七ツ目と、二十一目に異類異様《いるいいよう》の小珠《しょうしゅ》を四顆加えているのであります。これは真言宗の大咒《だいじゅ》を唱える時には七遍、中咒《ちゅうじゅ》を唱える時には二十一遍、小咒《しょうじゅ》を唱える時には一百八遍というように、その数取りに都合の良いように、四点を加えたものであろうと思います。別にお経文の中に説かれていると云うのではありません。久しい以前《いぜん》から、四点の珠を入れたもののように思います。

この四点のことを**四天珠**《てんしゅ》とも、また**四天王**《てんのう》とも申しております。四天王と云うのは、須弥山《しゅみせん》の中腹にある四天王でありまして、帝釈天《たいしゃくてん》の外臣《がいしん》と云われております。すなわち、東方に持国天王《じこくてんのう》、南方に増長天王《ぞうちょうてんのう》、西方に広目天王《こうもくてんのう》、北方に多聞天王《たもんてんのう》があって、仏法を護り、世を守護するものと云われております。

また四点のことを真言宗では、胎蔵界八葉院《たいぞうかいはちょういん》の四隅の菩薩を表示したものとも云っております。すなわち、四隅の菩薩と云うのは、普賢《ふげん》、観音《かんのん》、文殊《もんじゅ》、弥勒《みろく》の四菩薩であって、これを常に四行《ぎょう》の菩薩と云い、修行の菩薩に当っているから、そう云ったものでありましょう。

以上に於て、普通に用いる百八念珠の説明をなし畢《おわ》ったのでありますが、しかし、百八念珠には、いろいろのものが沢山にありますので、一概《がい》に申す訳にはゆかぬのであります。いまは、大体について説明したというに過ぎません。

第四章　百八の意義

一　百八の意義について

念珠の顆数《かすう》は百八が根本であります。この百八の意義については、先ず『真俗仏事編《しんぞくぶつじへん》』というものに、

凡《およ》そ百八の珠《たま》は、両方に各々五十四顆あり、この五十四は、菩薩の十信《しん》、十住《じゅう》、十行《ぎょう》、十廻向《えこう》、四善根《ぜんごん》、十地《じ》の五十四位を表わす。一方の五十四は、本有本具《ほんぬほんぐ》の地位、一方の五十四は、修生《しゅしょう》修顕《しゅけん》の位地なり。五十四顆、一一に円満なるは断惑証理《だんわくしょうり》して、一位一位の功徳円満成就《くどくえんまんじょうじゅ》する義なり……今ただ一条《じょう》の線を以って、諸《もろもろ》の珠《たま》を貫ぬき徹《とお》すことは、一行者《ぎょうじゃ》遍《あまね》く諸位《しょい》を歴《ふ》ることを表わす。

と云っております。

二　本有修生の二方面より説明す

すなわち、百八を二分して五十四顆となし、五十四顆を本有《ほんぬ》の方面と、修生《しゅしょう》の方面とから説明したものであります。本有と云うのは、先天的に、我々が具有《ぐゆう》している仏性《ぶっしょう》であって、実に立派なものであります。み仏と少しも変りのない本性本心《ほんしょうほんしん》でありますけれども、悲しいことには、我々凡夫の常として、惜《お》しい、欲《ほ》しい、悪《にく》い、可愛いの煩悩妄想《ぼんのうもうぞう》のために、この立派な仏性を覆《おお》い隠し、本心本性のままを働かすことが出来ないのであります。常に我見我慢のために、本心を暗《くら》ますのでありますから、ここに是非とも修行の力に依って、本来具有する仏性の功徳を顕わさなければならぬのであります。故に、それを修生とも修顕とも云い、あるいは本覚《ほんがく》の仏性に対して、始覚《しかく》の果《か》とも申しまして、後天的のものであります。

かくの如く、後天的に修行して、顕《あら》わすのでありますけれども、別に他から新らしいものを顕わすというのではなく、ただ本来から持っておりました本覚の仏性の全体を顕わしたというに過ぎません。すなわち、本覚の全体は始覚の全体を本有し、始覚の全体は本覚の全体を修顕したということになるのであります。故に、ここのところを、始覚と本覚とが一体《たい》となったと云い、始《し》本不二《ほんふに》とか、始《し》本一如《ほんいちにょ》とかいう言葉もあります。そして、我々の理想は、この始本不二のところにあるので、これへ進んで行くように修行をするので、その修行に十信、十住、十行、十廻向、四善根、十地と云うように、低きより高きに、浅きより深きに進んで行くのであります。この五十四位のことは、後の第五章のところに至って、委《くわ》しく説明を加えることに致しましょう。

要するに、我々仏教信者が、自己の本心本性《ほんしんほんしょう》を磨《みが》き顕わすために、一位より一位と、漸次に修行を進めて行くのであります。その修行の位に五十四位あるのを、五十四の顆数に依って表示し、それを貫ねて、その一々を丁寧に繰って行くところ、そこに、その念珠の功徳利益に依って、煩悩妄想を断破し、み仏の真理に悟り入ることが出来ると云うのであります。

三　百八煩悩に対する説明

次に、この百八の念珠は、常に百八の煩悩を断破するために、表示したものと云っておりますが、この百八の煩悩については、いろいろの数え方があります。あるいは一年十二ケ月、二十四気、七十二候《こう》に当てて数える人もありますが、今は大乗《だいじょう》仏教と、小乗《しょうじょう》仏教との代表的のものを二種挙げて、百八煩悩の説明を試みることに致しましょう。

四　小乗仏教に於ける百八煩悩

先ず小乗《しょうじょう》仏教と云って、最も古い、仏教教義の説明から云いますならば、八十八使の**見惑**《けんわく》と、十使の**思惑**《しわく》と、**十纏**《てん》の煩悩とを加えて説明するのでありますが、しかし煩悩の体《たい》から云いますと、根本煩悩《こんぽんぼんのう》の十種と枝末煩悩《しまつぼんのう》の十種とであります。根本煩悩を見惑と思惑とに分別して、九十八使にしたまでであります。枝末煩悩は根本煩悩から起こるもので末であります。すなわち、**十纏**《てん》は枝末煩悩でありまして、その内容は、

一　**無慚**《むざん》　自から省みて、罪業深重《ざいごうじんじゅう》なることを恥《は》じざること。
二　**無愧**《むぎ》　外の賢聖《けんしょう》に対して、及ばざることを恥じざること。
三　**嫉**《しつ》　他人の栄達《えいたつ》を喜ばず、忌《い》み嫉《ねた》むこと。
四　**慳**《けん》　財と法とに於て惜《お》しむこと。
五　**悔**《げ》　過去の善事を作《な》せしを悔《く》い、悪を作《な》さざりしを悔いること。
六　**眠**《みん》　分明《ふんみょう》に事物《じぶつ》を見分けず、闇昧《あんまい》のこと。
七　**掉挙**《じょうこ》　軽躁《けいそう》にして、心の静かならざること。
八　**惛沈**《こんじん》　沈鬱《ちんうつ》にして、善を作《な》すに堪えざること。

九　忿《ふん》　短気の心を起こして、万事に怒ること。
十　覆《ふく》　自己の罪過《ざいか》を隠蔽《おんぺい》すること。
の十種であります。この十纏《てん》の枝末煩悩《しまつぼんのう》は我々お互いの身体に纏《まと》い付き、精神を縛《しば》って、本心《ほんしん》の自由を奪い、生死の獄《ごく》に引き入れるという意味で、纏《てん》と申したのであります。この十纏の煩悩の根本となるものは、十種の根本煩悩であります。委《くわ》しい説明は出来ませんけれども大体の意味だけを申すことに致しましょう。

十種の根本煩悩《こんぽんぼんのう》というのは、
一　貪《とん》　好めるものに対して執着し、貪り求めること。
二　瞋《じん》　悪《にく》めるものに対して嫌厭《けんえん》し、瞋《いか》りを発すること。
三　痴《ち》　万事に愚痴《ぐち》多くして、決断心なきこと。
四　慢《まん》　自他を比較して、慢心を生ずること。
五　疑《ぎ》　因果《いんが》の道理を信ぜず、疑心《ぎしん》多きこと。
六　身見《しんけん》　自己の身体《しんたい》は永久に有るものと誤認すること。
七　辺見《へんけん》　自己の死後は断滅《だんめつ》、あるいは常住《じょうじゅう》なりと辺取《へんしゅ》すること。
八　邪見《じゃけん》　因果《いんが》の道理は妄見《もうけん》なりと否認《ひにん》すること。

九　見取見《けんじゆけん》　前の三種の見解を真なり、実なり、勝なりと邪執《じゃしゅう》すること。

十　戒禁取見《かいごんじゆけん》　出離解脱《しゅつりげだつ》の因を知らず、また涅槃《ねはん》の道に非ざるものを、真実の道なりと誤認して、徒《いたず》らに苦行をなすこと。

この十種の根本煩悩を、見惑《けんわく》と思惑《しわく》とに分けるのであります。すなわち、見惑《けんわく》というのは、迷《めい》悟因果《ごいんが》の道理に迷う煩悩で、これを三界の迷悟因果に配当して八十八使となし、思惑《しわく》というのは、実際の事物に当《あた》って起こる煩悩で、これを三界に配当しますと八十一使になりますけれども、その煩悩の体《たい》から数えますと十使となるのであります。いま更に、見惑と思惑とについて、その相違するところを述べますと、見惑というのは、道理に迷う煩悩で、我々が邪師《じゃし》邪教《じゃきょう》に依って、後天的に、種々なる智慧を得て思惟し、善とか悪とか、迷とか悟とか、衆生とか仏とかと云って、是非得失《ぜひとくしつ》、取捨分別《しゅしゃふんべつ》する根本を云うのであります。次に思惑というのは、事柄に迷う煩悩で、我の日常生活の上に於て、先天的に人間として持っている欲が根本となるのであります。すなわち、衣食住の欲、男女の色欲、名利の欲望というようなものが根本となって、種々に起こる煩悩を云うので、これはいかに物の道理が解っても、容易に断ずることが出来ないのであります。故に、前の見惑は、物の道理さえ解れば、直ちに断ずることが出来ると云い、この思惑は、長き修行の力に依って、漸次《ぜんじ》に断ずるものと云われております。

なお、この見惑と思惑とについて、根本煩悩の十種の中、いずれが見惑であり、いずれが思惑であるかと云うに、それは十種のことごとくが、みな見惑であるけれども、その中、特に貪《とん》、瞋《じん》、痴《ち》、慢《まん》の四種のみを思惑の体《たい》と云って、もっとも煩悩の根本となるものと云い、また貪、瞋、痴の三種は、常に**三毒の煩悩**と云い、無始《むし》已来《いらい》の罪障《ざいしょう》であると申しております。

五　大乗仏教に於ける百八煩悩

小乗仏教の説明では、この三界は苦しい世界であると申しております。この苦しい世界に生れて来た我々お互いは、前世の業に依ってである。そして、その前世の業は、前世の煩悩が原因であるから、先ず第一に煩悩を断尽《だんじん》して、この三界の苦しい世界から出離解脱《しゅつりげだつ》しなければならぬと説くのであります。故に、煩悩の説明は、もっとも小乗仏教の特長とするところで、非常に委《くわ》しいのでありますから、今の百八煩悩の説明も、小乗仏教では、実に微細《みさい》に説明されております。

しかるに、後世に発達しました大乗仏教の説明から申しますと、非常に簡単でありまして、ありとあらゆる煩悩も、要するに一個の分別心に結帰するものと云っております。故に、今の百八煩悩も、その根元は分別心であるというのであります。すなわち、眼耳鼻舌身意《げんにびぜっしんい》の六根が、色声《しきしょう》香味触法《こうみそくほう》の六塵《じん》の境界《きょうがい》に対して、苦受《くじゅ》、楽受《らくじゅ》、捨受《しゃじゅ》の三不同《ふどう》を起こし、それに好《こう》、悪《あく》、平等《びょうどう》の三不同《ふどう》の分別を起こすのでありますから、ここに三十六個《こ》の煩悩がある訳であります。更に、これを過去、現在、未来の三世に亙《わた》って起こすのでありますから、三十六個を三倍して、百八の煩悩を起こすということになりますが、その根元は、ただ一個の分別心に結帰するので、大乗仏教の煩悩は、小乗仏教の煩悩とは、その説明法が大いに相違しているのであります。

六　大小乗の煩悩に対する説明の相違

小乗仏教では、貪欲《とんよく》とか、瞋恚《しんい》とか、愚痴《ぐち》とかいうものは、煩悩の自体であって、それは悪いものであるから、その自体を断滅しなければならぬと教えているのであります。すなわち、「慾を起こすな」「愚痴を云うな」と云って、それを誡《いま》しめているのでありますが、大乗仏教では、それと大いに相違しておるのであります。それは貪欲とか、瞋恚とか、愚痴とかいうものの自体は、悪いものとは云わないのであります。我々凡夫が、貪欲、瞋恚を起こせば、もちろん、煩悩でありますけれども、尊き仏菩薩の起こし給える貪欲や、瞋恚は、決して煩悩とはならぬというのであります。釈迦牟尼如来の如き、観世音菩薩の如き、共に大慈大悲の大御心《おおみごころ》でありまして、広く一切衆生に対して大愛を生じ、また無上仏道に対しては大貪《だいとん》を起こされるのでありますが、それは決して煩悩とはならぬのであります。不動明王の如き、降三世《ごうざんぜ》明王の如き、共に大忿怒形《だいふんぬぎょう》でありまして、大瞋恚のお姿を表わしておられるのでありますけれども、その内心には、強剛難《ごうごうなん》化《げ》の大罪人を救うという大慈悲の権化《ごんげ》でありまして、決して煩悩とはならぬのであります。すべて、仏菩薩の大御心《おおみごころ》には、その根元に分別心がありません。すなわち、絶対の大貪、大愛、大欲であります。我々凡夫は、その反対で、分別心が根元にあるのでありますから、すべてのものに、分別するという心が起こるので、彼れを愛し此れを悪み、彼れを取り、此れを捨てて、絶対平等の大貪、大愛、大欲は起こらないのであります。狭い範囲に於て、小なる自分というものを本《もと》にして、小貪《しょうとん》、小愛《しょうあい》、小欲《しょうよく》を起こすのでありますが、それでは、どうしても煩悩となり、業となり、三界に浮沈《ふちん》しなければならぬ結果となるのであります。故に、我々お互いは、先ず須《すべか》らく、無上仏道を求めるという大貪欲を起こさなければなりません。いかなる極悪非道のものでも「三界は我が有《う》なり、一切衆生は我が子なり」という大慈愛の心を起こし、時には非常手段に訴え、大瞋恚の形相を表わしてでも、余さず洩らさず、救い尽《つ》くすという広大無辺の心を起こさなければならぬのであります。

要するに、大乗仏教に説く煩悩の説明は、非常にむずかしい問題であります。大貪、大愛、大欲と申しますが、これも容易に理解の出来るものではありません。我々お互いも、その本心から云えば、仏菩薩と少しも相違するものではありませんが、ただただ自分という小さい処を立場として、是非善悪、禍福好醜《かふくこうしゅう》と差別を立て、取捨分別するから煩悩となるのであります。故に、良ろしく自分の本心を見届けて、本来から具有《ぐゆう》する仏菩薩の本心のそのままを表わし、恰かも十五夜の月の如く、一点の曇りもないところ、少しの影だにないところ、そこが我々の本来の面目であり、仏菩薩の大御心であると思うのであります。

なお、大乗仏教に説く煩悩の説明は、私がかつて『大般若理趣分《だいはんにゃりしゅぶん》の研究』を著わしました時、大貪、大愛、大覚《だいかく》、降魔《ごうま》、自在の五徳を述べまして、その深義を顕わしたことがありますから、それを見て頂いても良ろしい。

第五章　顆数の表示

一　一千八十珠の表示

前に百八の念珠について、その表示は、百八の煩悩を断破することであると申しましたが、なお、これ以外の表示として、百八尊の功徳を表示するものと云い、また百八三昧《まし》の功徳を表示するものとも云い、また本有修生《ほんぬしゅしょう》の五十四位を表示したものとも云っております。すなわち、百八尊の功徳というのは、真言宗で申します胎蔵界曼荼羅《たいぞうかいまんだら》の本尊の内証功徳を云うのであります。また百八三昧というのは、初め首楞厳三昧《しゅりょうごんざんまい》より、終り離著虚空不染三昧《りじゃくこくうふぜんざんまい》までを云ったもので、般若《はんにゃ》の智慧を証得する上の三昧を示したものであります。また本有修生《ほんぬしゅしょう》の五十四位というのは、菩薩修行の位を五十四位に分別し、その位位に於て煩悩を離れ、菩提を証すると云うので、これに本有の功徳と修生の功徳とがあると云うのであります。本有の功徳というのは、先天的に持って生れた功徳、修生の功徳というのは、後天的に修行の力に依《よ》って生じた功徳という意味であります。

この百八を更に十界に開いたものが一千八十珠の表示であります。すなわち、十界の各々に百八あるということを表示したもので、十界は常に云う地獄、餓鬼、畜生、修羅、人間、天上、声聞《しょうもん》、縁覚《えんがく》、菩薩、仏の世界を云うのであります。これらの世界は、ありとあらゆる世界を総称したもので、前の六は迷いの世界、後の四は悟りの世界と申しております。迷いの世界は凡夫のおるところでありますから、これを六凡の世界とも云い、三界六道の迷界を云うのであります。また悟りの世界は聖者のおるところでありますから、これを四聖の世界とも云い、三界出離《がいしゅつり》の悟界《ごかい》を云うのであります。

以上の十界に百八があると云うのは、前者の六凡の世界では、百八の煩悩があるから、その煩悩を断滅せなければならぬと云い、後者の四聖の世界では、既に百八の煩悩を断滅し終ったので、ここに百八三昧を得、百八尊の内証功徳《ないしょうくどく》に契《かな》ったものであると云うのであります。

二　五十四珠は菩薩修行の階位を表示す

次に五十四珠の表示は、十信、十住、十行、十廻向《えこう》、四善根《ぜんごん》、十地の五十四位でありまして、これは菩薩修行の階位を委《くわ》しく申したものであります。この五十四位の一々に於て、煩悩を離れ菩提を証するというのでありますが、いま、これらを丁寧《ていねい》に説明するということは、非常に長くなるから、左に簡単ではありますが、五十四位を図表にて示し、略註を加えることに致しましょう。

三　菩薩修行の階位は五十四位なり

十信《しん》

- 一　信心　初めて教法を聞いて信順《しんじゅん》する心
- 二　念心　一度信じたことを憶念《おくねん》して忘れないこと
- 三　精進心《しょうじんしん》　信じた通りに仏道に進むこと
- 四　慧心《えしん》　智慧の分別を以って邪道《じゃどう》に堕《お》ちぬようにすること
- 五　定心《じょうしん》　禅定の力に依って妄念《もうねん》を起こさぬこと
- 六　不退心《ふたいしん》　いかなる障礙《しょうげ》にも打ち勝って退かざること
- 七　廻向心《えこうしん》　以上の修行を私《わたくし》せず他のために廻向すること
- 八　護心《ごしん》　教法そのものを、どこまでも護持すること
- 九　戒心《かいしん》　心を引き締めて、油断せぬこと
- 十　願心《がんしん》　一切衆生と共に仏道を成ぜんと念願すること

- 一　発心住《ほっしんじゅう》　いよいよ見惑《けんわく》の煩悩を断じて、更に向上心を発すること
- 二　治地住《じちじゅう》　偏見を対治して、新しき法門を見出すこと

十住《じゅう》

三　修行住《しゅぎょうじゅう》　新しい見解《けんげ》に依って、修行を励むこと
四　生貴住《しょうきじゅう》　修行が進んで、新しい自信をもつこと
五　具足方便住《ぐそくほうべんじゅう》　無量の善根功徳を積むこと
六　正心住《しょうしんじゅう》　正しい空慧を生じて、空観をなすこと
七　不退住《ふたいじゅう》　再び凡夫に退堕せざること
八　童真住《どうしんじゅう》　童子の如く無心に修行すること
九　法王子住《ほうおうしじゅう》　法王を嗣《つ》ぐべき資格の出来たこと
十　灌頂住《かんじょうじゅう》　正しく法王を継ぎ、空観全《まった》く成就せしこと

十行《ぎょう》

一　歓喜行《かんぎぎょう》　涅槃《ねはん》の空理に達したことを喜ぶこと
二　饒益行《にょうやくぎょう》　一切衆生に自分の法悦《ほうえつ》を頒つこと
三　無違逆行《むいぎやくぎょう》　一切衆生に違逆《いぎやく》せず随類応同《ずいるいおうどう》すること
四　無屈撓行《むくつぎょうぎょう》　一切衆生を教化する志の確固《かくこ》不抜《ふばつ》なること
五　無癡乱行《むちらんぎょう》　対機のいかんを見て、良く教化すること
六　善現行《ぜんげんぎょう》　先ず自分の善根を現して教化すること
七　無著行《むじゃくぎょう》　光風晴月の心で、教化したという心を持たぬこと

八　難得行《なんとくぎょう》　自ら心に得難い徳を持つこと

九　善法行《ぜんほうぎょう》　自ら作した善が他の人の軌範となること

十　真実行《しんじつぎょう》　ものの相を真実に見ることが出来たこと

十廻向《えこう》

一　救護衆生離衆生相廻向《きゅうごしゅじょうりしゅじょうそうえこう》　衆生の迷いを自分の迷いとすること

二　下壊廻向《ふええこう》　迷悟《めいご》一如《にょ》の理を達観すること

三　等一切諸仏廻向《とういっさいしょぶつえこう》　諸仏と等しからんと念ずること

四　至一切処廻向《しいっさいしょえこう》　諸仏土に至り、諸仏を供養すること

五　無尽功徳蔵廻向《むじんくどくぞうえこう》　自行化他《じぎょうけた》の功徳を生ずること

六　入一切平等善根廻向《にゅういっさいびょうどうぜんごんえこう》　一切の善根に入り込んで行うこと

七　等随順一切衆生廻向《とうずいじゅんいっさいしゅじょうえこう》　悪人を捨てず善人と等しく接すること

八　真如相廻向《しんにょそうえこう》　差別の上に真如の理を観ずること

九　無縛無着解脱廻向《むばくむじゃくげだつえこう》　差別の上に自由に解脱できること

十　入法界無量廻向《にゅうほうかいむりょうえこう》　一切の真相に悟入《ごにゅう》し得ること

四善根《ぜんごん》

一　煖位《なんい》　中道の妙理に近づきしこと

二　頂位《ちょうい》　中道の妙理を分明《ぶんめい》に解了《げりょう》すること

三　忍位《にんい》　中道の妙理を忍可《にんか》決定《けつじょう》すること
四　世第一法《せだいいちほう》　いよいよ聖者に入るべき最後の位のこと

十地《じ》
一　歓喜地《かんぎじ》　始めて聖者の位に入り、法悦《ほうえつ》すること
二　離垢地《りくじ》　自由に衆生に応同《おうどう》して、衆生の垢に染まらないこと
三　発光地《ほっこうじ》　智徳の光明を発すること
四　焔慧地《えんえち》　中道の智慧の明らかになりしこと
五　極難勝地《ごくなんしょうち》　断じ難き無明《むみょう》の惑《わく》を断ずること
六　現前地《げんぜんち》　真如法性《しんにょほっしょう》の徳の現前すること
七　遠行地《おんぎょうち》　自由に、何処までもかけめぐること
八　不動地《ふどうち》　心の不動を云い、後位に退転せざること
九　善慧地《ぜんえち》　中道無生《ちゅうどうむしょう》の善慧を念々に観ずること
十　法雲地《ほううんち》　妙法の雲に覆《おお》われ、総べて妙法なること

四　五十四位は信・解・行・証の四位となる

この菩薩修行の階位たる五十四位を説明するのに、いろいろな説明があります。その宗旨《しゅうし》宗旨

に依って、むずかしい説明を加えるのでありますが、今は、その中に於て、簡単に信《しん》、解《げ》、行《ぎょう》、証《しょう》の四位に分別して説明しましょう。

先ず五十四位の最初に十信というのがあります。信とは信心とも信仰とも申しております。この仏道に入るには、最初に、仏陀の御説法を信仰するという心を発起しなければなりません。「信は道元功徳《どうげんくどく》の母」とも申しまして、信ずる心が一番に大切なことであります。故に、菩薩修行の階位の最初に、十信の位を立てたのであります。次ぎに十住とは解であります。住は安住《あんじゅう》とも申しまして、信心が確立し、安定しましたならば、そこに仏陀の御説法を良く理解するという必要が起こります。どういうことであるかということを心から理解し、なるほどと合点することが出来て、安住するというのが十住の位であります。次ぎに十行とは実行する行であります。良く理解して、心から合点が出来たならば、それを実地に、その身に実行する必要が起こります。ただ理解したというだけで、それを実践躬行《じっせんきゅうこう》し自分のものにしなかったならば、それは決して修行とは云えないのであります。菩薩修行《ぼさつしゅぎょう》の階位は、この十行からがもっとも大切であります。故に、十行は先ず自分のために一生懸命に修行すること、次ぎの十廻向、四善根の位に於ては、更に一切衆生のために、自分の魂を打ち込んで、大いに修行を励むことを云うのであります。すなわち、廻向というのは、自分の修行した功徳善根を、一切衆生に廻らし向けることでありますから、前の十行の位よりは更に進んで、自分だけの修行というのではなく、他人のためにも修行するという広大無辺の慈悲心から出た行であります。故に、この自利々他円満《じりりたえんまん》の修行の功徳に依って、ここに立派な証《さと》りというものが開けるので、これを十地の位と申すのであります。この十地を更に開けば、十地、等覚《とうがく》、妙覚《みょうがく》というようになりますが、今は合《がっ》して十地の位としてあるのでありま す。そして、この十地の位の一々に於て、微妙のお悟りを開くと云うので、この十地の位の人を、常に十聖と申しております。

以上の如く、十信、十住、十行、十廻向、四善根、十地の五十四位は、要するに、信、解、行、証の四位に縮めることが出来るのであります。み仏の御説法を信仰し、よくその道理を了解し、更にそれを実地に修行して、我がものに証得するというのが、この四位の意味であろうと思います。

五　四十二珠の表示

次ぎに四十二珠《しゅ》の表示は、十住、十行、十廻向、十地、等覚、妙覚の四十二位を示したもので、これも前の五十四位と開合《かいごう》の不同で、同じく菩薩修行の階位を示したものであります。すなわち、その開合の不同を図表にて示すならば、左の通りであります。

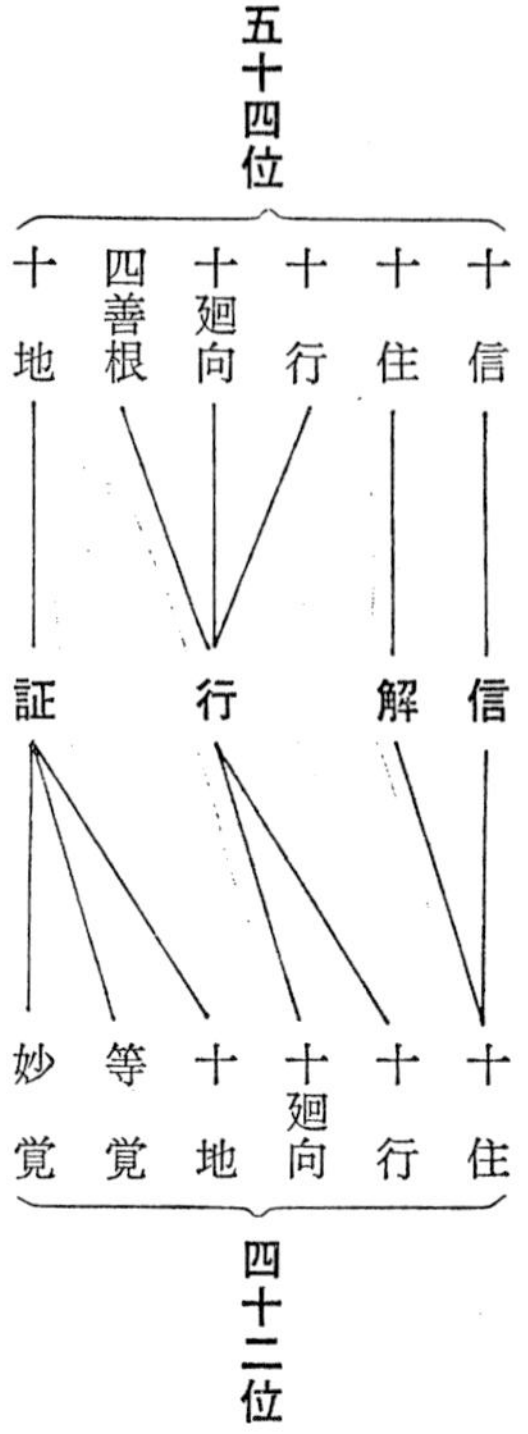

この中、等覚とは覚に等しいと申しまして、仏に等しい位であります。すなわち、一生補処《しょうほしょ》の菩薩とも申しまして、菩薩の最上位であります。妙覚とは妙覚果満《みょうかくかまん》の位と申しまして、これより以上の人はなく、無上道を体得しておられる仏果《ぶっか》の位を指すのであります。前の五十四位の中に於ては、この等覚、妙覚は十地の中に入れてありますが、この四十二位には別に開いて、等覚、妙覚の特に優れたことを発揮しているのであります。

六　二十七珠・二十一珠・十四珠の表示

次ぎに**二十七**珠の表示は、声聞《しょうもん》の行位に於ける二十七賢聖《けんしょう》に当り、**二十一**珠の表示は、本有《ほんぬ》の十地と修生の十地と仏果の位とに当り、十四珠は、十住と十行と十廻向とを縮めて三となし、それに十地と妙覚とを加えて、十四と数えるのであります。また『仁王般若経《にんのうはんにゃきょう》』に於ける十四忍を表示したものとも云われております。十四忍というのは、十住、十行、十廻向の三忍と、十地の十忍と、仏果の一忍とを合した数を云うのでありますから、これまた、前の五十四位とか、四十二位とかと、少しも相違するものではありません。同じく菩薩修行の階位を説明したものと見ることが出来ます。すなわち『仁王般若経』の十四忍を図表すれば、左の通りであります。

仁王経の十四忍

十四忍	一	信《しん》忍《にん》	十住《じゅう》	空観《くうかん》	三賢《げん》 → 因
	二	止《し》忍《にん》	十行	仮観《けかん》	
	三	堅《けん》忍《にん》	十廻向《えこう》	中観《ちゅうかん》	
	四	善《ぜん》忍《にん》	歓喜地《かんぎじ》	布施《ふせ》	十地 → 因
	五	離《り》忍《にん》	離垢地《りくじ》	持戒《じかい》	
	六	明慧忍《みょうえにん》	発光地《はっこうち》	忍辱《にんにく》	
	七	炎慧《えんえ》忍《にん》	焔慧地《えんえち》	精進《しょうじん》	
	八	勝慧忍《しょうえにん》	難勝地《なんしょうち》	禅定	
	九	法現忍《ほうげんにん》	現前地《げんぜんち》	智慧	

十　遠達忍《おんたつにん》——遠行地《おんぎようち》——方便
十一等覚忍《とうがくにん》——不動地《ふどうち》——願
十二慧光忍《えこうにん》——善慧地《ぜんえち》——力
十三灌頂忍《かんじようにん》——法雲地《ほううんち》——智
十四円覚忍《えんがくにん》——妙《みよう》覚《かく》——仏《ぶつ》——果

このように、念珠の類数というものは、修行の階位を表示したもので、修行の階位の一々について種々なる煩悩を制伏《せいふく》し、断除《だんじよ》するとしましたならば、そこに煩悩の数を表示し、念誦する功徳に依ろうとするのは当然のことでありますから、百八煩悩を表示して、百八珠を貫ねた道理も知ることが出来るのであります。

第六章　念珠の製法

一　念珠の珠は円珠を用いよ

念珠の製法は、先ず顆数《かすう》を百八珠《しゅ》にすることであります。この百八珠の念珠は念珠の根本数でありまして、それが最勝《さいしょう》のものであり、またもっとも功徳あるものと云われております。次ぎに、その珠は円珠《えんしゅ》を用いなければならないのであります。円は断証《だんしょう》の義と申しまして、百八の煩悩を断尽《だんじん》して、菩提《ぼだい》の正覚《しょうがく》を円証するという意味であろうと思います。故に、ことさらに違った形のものを使うというのは、違法でありまして、念珠の本義にも背《そむ》くことになりますから、よくよく注意しなければなりません。

二　平形の念珠は違法

平形《ひらがた》の玉を用いた念珠は違法ということであります。『十八道私記《どうしき》伝授秘記《でんじゅひき》』には、「平玉の数珠用ゆ可《べか》らざる事」と申して、左の如く云っております。

『大勢至菩薩経《だいせいしぼさつきょう》』に云わく、平形念珠《ひらがたねんじゅ》を以ってするは、此れは是れ外道《げどう》の弟子なり、我が弟子には非ず、超越次第《ちょうおつしだい》するは、因果《いんが》妄語《もうご》の罪に依る、まさに地獄に堕《お》つべし。
『日蓮上人御遺文全集《にちれんしょうにんごいもんぜんしゅう》』十九頁に云わく、人をも悪道に堕《おと》さん科《とが》に、天狗《てんぐ》外道《げどう》、平形の念珠を作り出して、一返の念仏に十の珠数を超えたり。

と申されております。故に平玉の念珠は用いてはなりません。先ず念珠と云えば円い玉で、一百八珠の顆数が最尊最勝《さいそんさいしょう》のものであります。しかし、前の第二章でも申しました通り、円光《えんこう》大師御伝授の平玉念珠というものがあります。これは御師匠叡空阿闍梨《えいくうあじゃり》が、天童《てんどう》より感得せられたという奇瑞《きずい》を尊び、これに依って浄土の一門は、この平玉の念珠を用いておるように思いますが、元来は円い玉と云うのが、念珠の正しい形でありましょう。それを良く心得ておらねばなりません。徒《いたず》らに新奇《しんき》なものを作って、弄《もてあそ》ぶというべき性質のものでありません。

三　念珠の珠子を樹木より採る法

次ぎに、この念珠の製法については、お経文に非常に丁寧に説いてありますが、それを今、ここで一々申し上げるということは煩瑣《はんさ》に流れますから、先ず大体の順序に依って説明することに致しましょう。

先ず念珠の根本材料となるものは、念珠の玉と、その玉を貫ぬく糸との二種類になります。故に、この二種類の製法を説明しなければなりません。玉は、いかにして作るものか、糸は、いかにして結ぶべきものかということを申さねばなりません。

始めに玉の製法から説明しましょう。これはなかなかむずかしいのであります。玉のなっている樹木から選ばねばなりません。また、樹木の枝も選ばねばならぬのであります。いま、その代表的の経文として、『大方広菩《だいほうこうぼ》薩蔵《さつぞう》文殊師《もんじゅし》利《り》根本儀《こんぽんぎ》軌《き》経《きょう》』の一節を挙げて見ることに致しましょう。

もし行人《ぎょうにん》ありて、凡《およ》そ数珠を造作せんと欲せば、一切諸事、求むるところ清浄にし、鑽磨《さんま》貫穿《かんせん》して、受持するに至らば、凡《す》べて作《な》す所の事、みな悉《ことごと》く成就《じょうじゅ》すべし。初め珠樹《じゅき》を視《み》て、将《まさ》に収取《しゅうしゅ》せんと欲せば、先ず当さに彼の樹を加持し及び自身を擁護《ようご》して、須《すべか》らく誠心《せいしん》を専注《せんちゅう》して、この真言を念ずること三十七遍、しかして樹の下に於て眠り宿すること一夜、以って前相《ぜんそう》の善《ぜん》悪《なく》の応を求めよ。彼の人《ひと》、もし夢中に於て、彼の非人の醜悪の相の現われるを見、彼の持課《じか》の人、実の如く知り已《おわ》らば、復更《またさら》に日々、晨朝《しんしょう》の時に於て、彼の樹下に往《ゆ》いて瞻観《せんかん》せよ。あるいは更に、彼の採らんと欲する珠を見ずば、此れは乃ち大不《だいふ》吉相《きっそう》なり、彼の持課の人、速かに彼の樹を遠離《おんり》し、別処《べっしょ》に往詣《おうけい》して、吉祥《きっしょう》の樹を求むべし。

と申してあります。故に、樹木から珠子《たま》を採るのにも、大いに注意しなければならぬのであります。そして吉祥樹《きっしょうじゅ》を求め得たならば、いよいよ樹に登りて果実を採るのであります。それを採るにも、

先ず同行人《どうぎょうにん》をして樹に上らしめよ、もし同行人なくば、当《ま》さに自ら樹に上りて最上の枝の子《み》あって具足せるを選び、真言を念じて之れを加持せよ。彼の樹に上る人、樹に上る時毎に、心に迷倒《めいとう》せず、直ちに身及び妙枝《みょうし》に至って、その子《み》を収得せば、これを最上の珠とす、我れ此の珠を説いて最上の用となし、最上の法を得て成就すべし、もし中枝《ちゅうし》に至らば、中等の珠を得て、中法《ちゅうほう》を得て成就し、もし下枝に至って、下等の珠を獲ば、当さに最下の果報を成就すべし。その子《み》もし是れ瘦屑《そうしょう》、及び蟲蝕《ちゅうしょく》あらば、みな用に堪えず。

と申してあります。

四　東西南北の枝より珠子の撰び方

なお西方に出ている枝から珠子《たま》を取って、念珠を製作し、それに依って念誦すれば、法成就《ほうじょうじゅ》を得て、財宝富饒《ざいほうふにょう》をうると云われております。また北方の枝から得て、念珠を製作すれば、三賢《げん》十聖《しょう》の菩薩、四向《こう》四果《か》の聖者に愛重せられ、天人夜叉鬼神等《きじんなど》一切の羅刹に至るまで、都《す》べてを降伏《ごうぶく》

し、あらゆる世間の事業《じぎょう》を増益《ぞうやく》することが出来ると申してあります。また東方の枝から得て、念珠を製作すれば、持明成就《じみょうじょうじゅ》し、種々の事業を満足するばかりでなく、至心《ししん》に受持《じゅじ》すれば、必ず福《ふく》寿延長《じゅえんちょう》するものと示されております。しかし、南方の枝のみは、たとえ枝長く、珠子《たま》ありと云うとも、それを以って念珠を製作してはならぬと誡《いま》しめられておるのであります。

五　珠を磨く法

このように、珠子を採るのにも、最大の注意を払《はら》わねばなりません。初め樹木に上るときも、採り終って、樹木から下るときにも、真言を誦持し、心を清浄に持たねばなりません。そしてその珠子を加持し、清浄の場《ば》処《しょ》で、自分か、あるいは他人をして、一々に珠子を磨《みが》かしめ、常に真言を誦持して、良い珠子を選び同じような珠子を一百八珠取り出だすのであります。その方法は、経文に委《くわ》しく出ておりますが、要するに念珠を製作するには、身心を清浄に持つということがもっとも大切であります。『陀羅尼集経《だらにじっきょう》』にも、

仏の言《いわ》く、もし人、法相《ほうそう》の数珠を作らんと欲せば、先ず珠匠《じゅしょう》を喚《よ》べ、価値《あたい》を論ずることなかれ、務《つと》めて精好《せいこう》を取れ、その宝物等は皆須《すべか》らく未だかつて余用《ようよう》を経《へ》ざるもの、一々みな須らく内外《ないげ》明徹《めいてつ》し、破れ欠くることなき円浄皎潔《えんじょうこうけつ》なるもの、大小は意に任《まか》せよ。その珠匠と先ず八斎戒《さいかい》を

受け、香湯《こうとう》を以って洒浴《しゃよく》し、新浄衣《しんじょうえ》を着せしめ、ともに護身《ごしん》を作《な》さしめよ。一道場を厳しくし、諸《もろもろ》の幡華《ばんか》を懸《か》け、香水《こうすい》を以《も》って一小壇子《しょうだんし》に涅《そそ》ぎ、日々に、各々香花《こうげ》を以って供養し、又、一両盤《りょうばん》の餅菓《びょうか》を着けて供養し、又復、夜ごとに別に、各々七灯を燃《とも》して、この相珠《そうしゅ》一百八顆を作れ、造りて珠と成し已《おわ》らば、又、一の金珠《きんしゅ》を作りて以って母珠《ぼしゅ》とせよ、又更に、別に十顆の銀《ぎん》珠《しゅ》を作りて以って記子に充《あ》てよ、これ即ち名づけて三宝となす。法相《ほうそう》悉《ことごと》く充《み》ちて円備《えんび》せり、能《よ》く行者をして、この珠を掐《つま》ぐる時、常に三宝の加被護念《かひごねん》を得るなり、三宝と云うは、いわゆる、仏宝、法宝、僧宝なり、この証験を以って、何ぞ西方浄土に生ぜざるを慮《おもんぱか》らんや。

と云っております。

六　糸を作る法

次ぎに念珠の珠子《たま》が出来ますれば、それを貫《つらぬ》く糸を作らねばなりません。この糸を作るには、罪のない童女をして、五色の綵を合わせるのであります。すなわち『文殊師利根本儀軌経《もんじゅしりこんぽんぎききょう》』に、また童女をして線を合わせしめよ、五色の綵を用いて合わすに、色、華鬘《けまん》の如くし、あるいは三つ合わせ、あるいは五つ合わせ、その珠の受くるところに随って、当《ま》さに須《すべか》らく堅《かた》く合わさしむべし。

と云い、更に委《くわ》しく念珠の製法を示されております。

七　念珠を製作する諸材料二十五種と経典の本拠

次ぎに、念珠を製作する材料の珠子《たま》について申しましょう。この材料の珠子については、経文に列記せられているのを申しますと、『数珠功徳経《じゅずくどくきょう》』には、

(一)鉄　(二)赤銅《しゃくどう》　(三)真珠　(四)珊瑚《さんご》
(五)木槵子《もくけんし》　(六)蓮子《れんし》　(七)因陀囉佉叉《いんだらきゃしゃ》（帝釈子《たいしゃくし》のこと）
(八)烏嚕陀羅佉叉《うろだらきゃしゃ》（金剛子《こんごうし》のこと）　(九)水精《すいしょう》　(十)菩提子《ぼだいし》

の十種を挙げ、『瑜伽念誦経《ゆがねんじゅきょう》』には、

(一)硨磲《しゃこ》　(二)木槵《もくけん》　(三)鉄　(四)熟銅《じゅくどう》
(五)水精《すいしょう》　(六)真珠　(七)諸宝《しょほう》　(八)帝釈子
(九)金剛子　(十)蓮子　(十一)菩提子

の十種を挙げ、『蘇悉地経《そしつじきょう》』には、

(一)菩提子　(二)蓮花子　(三)嚕椰囉叉子《ろならしゃし》　(四)木槵子
(五)多羅樹子　(六)土珠《どしゅ》　(七)螺旋珠《らせんしゅ》　(八)水精

(九) 真珠　(十) 牙珠《げしゅ》　(十一) 赤珠《しゃくしゅ》　(十二) 摩尼宝珠《まにほうじゅ》
(十三) 薏苡子《いいし》　(十四) 余草子《よそうし》

の十四種を挙げ、『摂真実経《しょうしんじっきょう》』には、

(一) 香木《こうぼく》　(二) 鍮石《ゆせき》　(三) 銅　(四) 鉄《てつ》
(五) 水精　(六) 真珠　(七) 蓮子　(八) 金剛子
(九) 諸宝　(十) 菩提子

の十種を挙げ、『守護国界経《しゅごこくかいきょう》』には、

(一) 菩提子　(二) 金剛子　(三) 金《きん》等の宝　(四) 真珠
(五) 蓮花子　(六) 種々の和合珠《わごうしゅ》

の六種を挙げ、『蘇婆呼童子経《そばこどうじきょう》』には、

(一) 活児子《かつじし》（菩提子のこと）　(二) 蓮花子《れんげし》　(三) 阿嚧陀囉阿叉子《あろだらあしゃし》（金剛子のこと）
(四) 水精　(五) 赤銅　(六) 錫《すず》　(七) 木槵《もくけん》
(八) 琉璃《るり》　(九) 金　(十) 銀　(十一) 鑌鉄《ひんてつ》
(十二) 商佉《しょうきょ》（貝のこと）

の十二種を挙げ、『陀羅尼集経《だらにじっきょう》』には、

㈠金　㈡銀　㈢赤銅　㈣水精

の四種を挙げ、『文殊師利《もんじゅしり》根本《こんぽん》儀軌《ぎき》経《きょう》』には、

㈠金剛子　㈡印捺囉子《いんだらし》（帝釈子のこと）　㈢菩提子

㈣木槵子

の四種を挙げ、『木槵子経《もくけんしきょう》』のみは、木槵子の一種だけを挙げております。

以上のように沢山《たくさん》の材料《ざいりょう》を挙げてはおりますが、これを纏《まと》めて見ると、先ず二十五種ほどの種類であります。しかし、その中に於ても、諸宝とか、余草子《よそうし》とか、あるいは種々の和合珠《わごうしゅ》と云えるが如きは、種々なるものを含《ふく》んでおりますから、その種類は甚だ多いものと思わなければなりません。要するに、世間から尊重される材料であって、清浄無垢のものであれば、悉《ことごと》く念珠の材料となるものと思えば良ろしい。

八　念珠に用いる諸材料の説明

なお終りに、念珠に用《もち》いる材料の中、その果実、宝珠などについて、不明のものを少し説明して置きましょう。

第一に木槵子《もくけんし》とは、梵語を阿梨瑟迦紫《アリシッキャシ》（Aliṣṭaka）と申しまして、俗に誤って、「もくろじ」と

云っているものであります。木槵子のことを一名、無患子《むげんし》とも云っております。『康熙《こうき》字典』に、

昔、神巫《しんふ》あり、宝眊《ほうもう》と名づく、符《ふ》を能《よ》くし百鬼を劾《いた》して鬼を得、此の棒《ほう》を以って之れを殺す、世人この木、衆鬼《しゆうき》の畏《おそ》るるところとなして、無患《むげん》と名づく。

と申しております。この樹の葉は漆樹《うるし》の葉の形に類し、花は茶色であって、房象《ふさ》は鬼灯《ほうずき》に似て三角であります。その一房の中に、四五粒の果実があって、念珠の材料に多く用いるということであります。

第二に金剛子《こんごうし》とは、梵語を烏嚧陀羅迦叉《ウロタラキャシャ》（Rudrākṣa）と申しまして、金剛樹《こんごうじゅ》とも、天目樹《てんもくじゅ》とも云い、文《もん》は桃の核に似て、非常に堅い実が出来るということであります。

第三に帝釈青《たいしやくせい》とは、梵語を因陀羅尼目多《インダラニモクタ》（Indranilamuta）と申しまして、帝釈天《たいしやくてん》王《のう》のおられる香遍樹《こうへんじゅ》の下地の宝樹で、その色は青であるから、帝釈青子と云っております。『玄応音義《げんのうおんぎ》』には、

帝青《たいせい》、梵《ぼん》には因陀羅尼目多《いんだらにもくた》と云う、これ帝釈宝《たいしやくほう》、また青色を作《な》す、その最勝を以っての故に帝釈青と称す、目多《もくた》ここに珠《たま》と云う、この宝を以って珠となすなり。

と云っております。

第四に珊瑚《さんご》とは、梵語を鉢羅摩禍羅《ハラマカラ》（Pravāla）と申しまして、南方の海中に取れるものであり

ます。

第五に**硨磲**《しゃこ》とは、梵語を婆洛掲拉婆《バラクカツラバ》（Mrsāragalva）と申しまして、青白色宝と云うのでありますが、これは大きな貝で、貝の渠《みぞ》が大きくて、車の輪の渠《みぞ》のようであるから、これを車渠《しゃこ》と呼んだものであります。

第六に**赤珠**《しゃくしゅ》とは、梵語に甄叔迦《ケンシュクカ》（Kimśuka）と申しまして、赤色宝であります。印度には甄叔《けんしゅく》迦樹《かじゅ》というのがありまして、その花の色が赤いのであるから、この宝を甄叔迦宝《けんしゅくかほう》と申《もう》したのであります。赤い真珠の玉を云ったものでありましょう。

第七に**蓮子**《れんし》とは、蓮花の果実でありまして、種々なる蓮花の中でも、青い蓮花の実を以って最上としております。故に、青蓮子と申して尊んでおります。

第八に**菩提子**《ぼだいし》とは、雪山《せっせん》地方に多く出来る Bode と称する樹の果実であります。『蘇婆呼童子経』に活児子《かつじし》とあるのは、この菩提子を云ったものであります。

第九に**商佉**《しょうきょ》とは、梵語でありまして Saṅkha と申します。螺貝《らばい》を云うので、これに依って作られた珠を螺珠《らしゅ》と申しております。

第十に**水精**《すいしょう》とは、梵語には頗梨《はり》、または塞頗胝迦《ソハチキャ》（Sphaṭika）と申して、水玉であります。『翻《ほん》訳名義集《やくめいぎしゅう》』に、頗梨《はり》、あるいは塞頗胝迦《そはちきや》と云う、ここに水玉と云う、即ち蒼玉《そうぎょく》なり、あるいは水精《すいしょう》とも云う。と申しております。

第十一に**瑠璃**《るり》とは、梵語を Vaidurya と申しまして、遠山宝とも不遠山宝とも訳しますが、それは産出の山の名で、遠山は須弥山《しゅみせん》の異名、不遠山とは波羅奈《ハラナ》城（Varāṇasī）を去ること遠からざる山との意味であります。青色の宝石で尊ばれております。

第十二に**摩尼宝珠**《まにほうじゅ》とは、梵語の Maṇi であって無垢と云い、瑕《きず》なき無上の宝珠であります。あるいは如意宝珠とも云い、珠の総名と申しております。

第十三に**多羅樹子**《たらじゅし》とは、多羅樹《たらじゅ》の実であって、棕櫚《しゅろ》に似た樹であると申します。『華厳経音義《けごんぎょうおんぎ》』には、高辣樹《こうしょじゅ》と訳し、葉長く、稠密《ちょうみつ》した樹と申しております。

その他、**諸宝珠**《しょほうじゅ》とは、金、銀、瑠璃《るり》、硨磲《しゃこ》等の七宝を云い、**和合珠**《わごうしゅ》とは、それらの七宝を始め、多くの宝珠を取り交ぜたものを云うのであります。**草子**《そうし》とは草の子《み》でありまして、今の檀特《だんどく》草の子《み》、薏苡《すずした》の子《み》の如き類でありましょう。**土珠**《どしゅ》は土を丸めて作った珠、**牙珠**《げしゅ》は象牙などを磨いて作った珠を云うのであります。

第七章　念珠の功徳

一　百八の煩悩を断破し百八三昧を得て百八尊の内証に契う

念珠の功徳は申すまでもなく、百八煩悩を断除《だんじょ》するにあるので、煩悩を断じ、菩提を証し、仏《ぶつ》果《か》に到ると云うのであります。故に『十八道念誦私記《どうねんじゅしき》』にも、一百八顆を最勝と云うは、大ならず小ならずして、所持《しょじ》便《べん》なるが故に、百八煩悩を滅して、百八尊を修生す、即ち百八三昧に入って、百八煩悩をそのまま功徳円満《くどくえんまん》の金界《こんかい》の一百八尊となす義を表わす。

と云っておりますが、要するに、一百八顆は、法に約すれば百八三昧の義を顕わし、人に約すれば金剛界《こんごうかい》の智慧の本尊たる一百八尊を顕わして、百八煩悩を断除せる義を顕わしたものであります。

また、この一百八顆の念珠を二分して、五十四顆となし、これを本有修生《ほんぬしゅしょう》の二方面から説明して、五十四顆を菩薩修行の階位たる十信、十住、十行、十回向、四善根、十地に配当し、行者が此の一百八顆の念珠を繰《く》るときに、その一顆を念ずる毎に、菩薩の一位を円満に成就し、その功徳を充分に獲得《ぎやくとく》することが出来ると申すのであります。故にこの事は前の第四章に於て、既に『真俗仏事編《しんぞくぶつじへん》』を引いて説明を加えた通りであります。

また『念珠略詮《ねんじゆりやくせん》』には、委《くわ》しく念珠の製法を説き、その表示を説明して、更にその功徳の広大無辺なることを述べております。いま、その一節を挙げれば、

念珠は元、誦呪称名《じゆじゆしようみよう》の法具にして、しかして又、直ちに仏体に如同す。その功徳勝利たるや、顕密《けんみつ》の経軌《きようき》に委悉《いしつ》に説けり。

と申してあります。なお百八以外の念珠についても、もとより種々なる義理があり、無量無辺の功徳を数えているのでありますから、いかなる顆数の念珠を持ちましても、その功徳利益は広大無辺なものであります。一個の念珠を持ちまして、み仏の前に端坐《たんざ》し、正念に真言陀羅尼《しんごんだらに》を誦持《じゆじ》して、その一顆一顆を念じて行きますれば、その場に於て、直ちに妄想煩悩を遠く離れ、長く世間出世間の功徳利益を得ることは必定であります。故に『密呪円因往生集《みつじゆえんいんおうじようしゆう》』にも、

それ数珠は、記心の奇術、積功《しやくこう》の初基《しよき》なり、之れを持する者は徳を成じ、之れを戴く者は垢《あか》を滅す。世間出世間の果報これによらざるはなし。

と云っております。

二　念珠の功徳に関する経典の本拠

念珠の功徳については、多くの経典に、沢山に表われております。先ず『陀羅尼集経《だらにじっきょう》』には、

この珠《たま》を把《と》って掐《つま》ぐれば、また能《よ》く念誦行者の四重五逆、衆罪《しゅうざい》業障《ごっしょう》あらゆる報障《ほうしょう》、一切の悪業を除滅す――これらの数珠は皆、法相に合う、この故に、我れ此の法を以って、世間の持法行者を護念《ごねん》す。

と云い、更に最後に、

三宝の威神力《いじんりき》の故に、種々の法事みな効験《こうけん》あり、しかして後、持行、身に随え備用すれば、一切の諸悪に相い染着せず、一切の鬼神は、共に相い敬畏《けいい》す、この故に、福力具足《ふくりきぐそく》し、功徳円満《くどくえんまん》す、これを数珠の秘密功能と名づく。

と申しております。故に、この念珠を持ち、如法に掐《つま》ぐり、如説《にょせつ》に利用して、仏名を唱え、陀羅尼を誦し、経偈《きょうげ》を読めば、必ず諸仏諸菩薩の加持護念を受け、功徳利益の広大甚深なることは云うまでもないことであります。殊《こと》に、その念珠を持つ行者が、持つべき作法を心得たならば、より以上の功徳利益を獲得《ぎゃくとく》することが出来ると申すのであります。『金剛頂瑜伽念珠経』に、

設《たと》い頂髻《ちょうけい》に安じ、あるいは身に挂け、あるいは頸《くび》の上に安じ、あるいは臂《ひじ》に安ずれば、説くと

ころの言論、念誦を成す、この念誦を以って三業を浄くし、頂髻《ちょうけい》に安ずるに由って無間《むけん》を浄くし、頸《くび》の上に帯ぶるに由って四重を浄くし、手に持し臂《ひじ》の上にすれば衆罪を除き、能《よ》く行人をして、速かに清浄ならしむ、もし真言陀羅尼を修し、諸々の如来菩薩の名を念ずれば、当《ま》さに無量の勝功徳《しょうくどく》を得て、求むるところの勝願みな成就すべし。

と申しております。

三　念珠は清浄のもの

この念珠を頂上に差し上げたり、耳や頸《くび》や、あるいは臂に掛けるようなことが説いてあるけれども、これは余り余経には見えないところで、ただただ念珠を清浄な自分の身の上部の処に安ずれば、その功徳利益にも相違があると云うので、どこまでも念珠を清浄な処に安置せねばならぬということをお示しになったものでありましょう。『准提陀羅尼経《じゅんでいだらにきょう》』にも「念珠を函《はこ》の中に蔵《おさ》めよ」と云っております。故に、念珠を持つには、必ず浄水《じょうすい》にて身を清め、特に、口を漱《すす》ぎ、手を濺《そそ》ぎ、塗香等を以って摩《な》で拭い、しかして後に、念珠を持たなければならぬのであります。『金《こん》剛頂一字頂輪王瑜伽《ごうちょういちじちょうりんのうゆが》一切時処念誦成仏儀軌《いっさいじしょねんじゅじょうぶつぎき》』には、

浄処《じょうしょ》に放置し、珠を敬うこと、仏の如くなるに由り、軽々しく棄触《きしょく》すべからず。

と申しておりますが、心ある行者は、大いに注意して念珠を持たなければならぬのであります。

先ず念珠を持つ常法としましては、手中に安じ、胸に当《あ》てて、合掌するのであります。すなわち『十一面《めん》観自在《かんじざい》菩薩《ぼさつ》心密言《しんみつごん》念誦儀軌《ねんじゆぎき》』には、

念誦せんと欲すれば、珠《たま》を取り、幡《わだか》めて手中に安じ、便《すなわ》ち芙蓉《ふよう》合掌《がっしょう》して、心《むね》に当《あ》て、誦して珠を加持し――二手の五の指を聚《あつ》めて、珠を捻《ねん》ず、是れを珠数《じゆず》印《いん》と名づく、この印を以って念誦するに、緩《かん》ならず急ならず、乃至、疲懈《ひげ》せず、念誦の時は、心に異縁《いえん》せず、本尊を観念せよ。

と申してあります。また『観自在《かんじざい》菩薩《ぼさつ》如意輪《にょいりん》念誦儀軌《ねんじゆぎき》』には、

即ち念珠を持して、掌中《しょうちゅう》に幡《わだ》かめ、心中心《しんちゅうしん》の真言を以って加持すること七遍、然る後、珠を持して心《むね》に当《あ》て、次第《しだい》に数を記して念誦すること一百八遍、あるいは一千八十遍を満てよ。心は本尊の三摩地《まじ》に住し、更に異縁することなかれ、了了分明《りょうりょうふんみょう》にして遍数了《へんすうおわ》り、珠を掌中に安じて、頂戴して本処に安置せよ。

と申しております。その他『仏頂尊勝陀羅尼《ぶっちょうそんしょうだらに》念誦儀軌法《ねんじゆぎきほう》』にも、『金剛頂瑜伽《こんごうちょうゆが》千手千眼《せんじゅせんげん》観自在菩《かんじざいぼ》薩修行儀軌経《さつしゅぎょうぎききょう》』にも、また『仏説七倶胝《ぶっせつしちくてい》仏母准提大明陀羅《ぶつもじゅんでいだいみょうだら》尼経《にきょう》』にも、共に念珠を掌中に安じ、即ち心に当てて合掌し、真言陀羅尼《しんごんだらに》を念誦せよと申しておりますが、これが念珠を持つ常法のように思われます。

かくの如く念珠を把《と》って、掌中に安じ、心に当てて、仏名及び真言陀羅尼を念誦すれば、その功徳利益は、もとより云うまでもないことでありますが、もしも、仏名及び真言陀羅尼を念誦することが出来なくて、ただ手に持っているという功徳利益も、また広大無辺であって、不可思議微妙の霊徳があると云うのであります。すなわち『校量数珠功徳経《こうりょうじゅずくどくきょう》』にも、

もし復《また》、人ありて、手に此の珠を持して、法に依って、仏名及び陀羅尼を念誦すること能《あた》わざれども、この善男子、但《た》だ能く手に持し、身に随えば、行住坐臥《ぎょうじゅうざが》に出だすところの言説《ごんぜつ》、もしは善、もしは悪、これ此の人に由って、菩提子を持するを以って、福等を得ること同じく、諸仏を念じ、誦呪《じゅじゅ》するに異りなきが如く、福を獲ること無量なり。

と云っております。故に、この念珠の功徳は、ただ単に、念珠を持つと云うだけで、非常な功徳があるということを忘れてはならぬのであります。

四　念珠の材料と功徳の多少

この念珠の功徳については、多くの経典に、広く讃歎せられておりますが、その一々の経文を、ここに列挙することは略すことに致しましょう。次に念珠の材料たる珠子《たま》の不同に依って、その功徳利益にも、非常に相違するというので、珠子は菩提子を以って、最上無比のものとせられて

おるのであります。いま、それら経文の一々を挙げるよりも、那須《なす》大慶師《だいけいし》の『諸大宗数珠纂要《しょだいしゅうじゅずさんよう》』に依って、功徳の多少を図示することに致しましょう。

数珠功徳経《じゅずくどくきょう》……

鉄珠《てつしゅ》……五倍の福
赤銅《しゃくどう》……十倍の福
真珠、珊瑚《さんご》……百倍の福
木槵子《もくけんし》……千倍の福
蓮子……万倍の福
帝釈青……百万倍の福
水精……百億倍の福
金剛子……千億倍の福
菩提子……無数倍の福

硨磲《しゃこ》珠《しゅ》……一倍の福
木槵子……両倍の福
鉄珠……三倍の福
熱銅珠《ねつどうしゅ》……四倍の福

瑜伽《ゆが》念珠経《ねんじゅきょう》……

水精、真珠、諸宝……百倍の福
帝釈青……千倍の福
金剛子……倶胝倍《ぐていばい》の福
蓮子……千倶胝倍《ぐていばい》の福
菩提子……無数倍の福

摂真実経《しょうしんじつきょう》……

香木……一分の福
鍮石《ちゅうせき》、銅、鉄……二分の福
水精、真珠……一倶胝分の福
蓮子、金剛子……二倶胝分の福
諸宝、菩提子……無数分の福

守護《しゅご》国界経《こくかいきょう》……

金珠……両倍の福
真珠……倶胝の福
金剛子、蓮子……百千倶胝の福
菩提子、和合珠……無数の福

この中、倶胝分《ぐていぶん》とか、倶胝倍とか云う語がありますが、これは億という数の名であります。すなわち倶胝《グディ》(Koṭi) は梵語でありまして、倶胝《ぐでい》、倶致《ぐち》、拘致《くち》とも云っております。

五　菩提子の念珠は功徳最も多し

かくの如く、念珠の功徳も、その材料に依って相違すると云う。その中に於てもっとも功徳の勝れたものは、菩提子念珠であると、何《いず》れの経典も等しく讃歎しておるところであります。しかし、この菩提子とはいかなるものでありましょうか。釈尊の成道せられたときに因縁深き菩提樹の実ではなかろうかと云うに、決してそうではありません。すなわち、織田得能《おだとくのう》師の『仏教大辞典《ぶっきょうだいじてん》』を開いて見ますと、左の通りに示されております。

数珠の用材の中、総じて二十余種あり、その中に於て菩提子を第一最勝となす。さて菩提子とは何物ぞ、那須大慶師《なすだいけいし》の『諸大宗数珠纂要《しょだいしゅうじゅずさんよう》』には、数珠の事に関し、一切の経軌《きょうき》及び人の伝説口伝を博引《はくいん》し、その詳細《しょうさい》を悉《つ》くし、且《か》つ菩提樹の事につき喋喋《ちょうちょう》弁《べん》ずる所あるも、独《ひと》りもっとも重要なる菩提子の事に関しては、一言の之に及ぶなし。愚案《ぐあん》に古来菩提子を解する者、字の如く菩提樹の子実《しじつ》となし、しかしてその菩提樹とは、即ち釈尊の道場樹なりと云う。是れ千古の誤りなり、余《よ》親しく摩掲陀《まかだ》国の菩提樹園に詣《けい》し、その菩提樹を拝し、且《か》つ多くその実を拾い見しに、是れ無花果の類にして、決して数珠に造らるべき者にあらず、されば菩提子とは、雪《せつ》

山《さん》地方にあるBodeと称する樹の子《し》実《じつ》を以って造れるものにして、いわゆる、菩提樹の実には
あらざるなり。

と云っておりますが、この説が真実のように思います。

第八章　念珠の用法

一　一般的の使用法

いやしくも、仏教信者として、み仏の道に進もうと思うものならば、先ず法としてこの念珠を持たなければならぬのであります。念珠は諸仏修道の法具、行者内心の標幟《ひょうしき》であります。故に、必ず仏教信者としては持たなければならぬものでありますから、この念珠をいかに使用するかということは第一に心得て置かねばならぬことでありましょう。しかし、その使用法に至っては、各宗各派、各々その使用法を異にしておるのでありますが、今は各宗に通じて、一般的の使用法を述べることに致しましょう。

二　五部の諸仏諸尊に対する念珠の相違

先ず念珠は諸仏諸尊を礼拝するときに、用いるものでありますから、その諸仏諸尊に対して用いる念珠の相違があります。すなわち『摂真実経《しょうしんじつきょう》』に、復《ま》た次ぎに、念珠を校量するに、五部の差別あり。もし仏部《ぶつぶ》を持せば、菩提子を用いよ。もし金剛部《こんごうぶ》を持せば、金剛子を用いよ。もし宝部《ほうぶ》を持せば、金、銀、頗梨《はり》、種々の諸宝《しょほう》を用いよ。もし蓮花部を持せば、蓮花子を用いよ。もし迦嚕摩部《かろまぶ》を持せば、種々間錯《しゅじゅけんざく》の雑色《ぞうしき》の宝珠を用いよ。

と云っております。また『金剛頂瑜伽略出経《こんごうちょうゆがりゃくしゅつきょう》』にも、

如来部《にょらいぶ》には菩提子を用い、金剛部には金剛子《こんごうし》を用い、宝部には宝珠《ほうしゅ》を用《もち》い、蓮花部には蓮子《れんし》を用い、羯磨部《かつまぶ》には雑宝《ざっぽう》を用いて、間錯《けんざく》して之れをつくる。

と申してあります。また『守護国界経《しゅごこくかいきょう》』にも『瑜伽念珠経《ゆがねんじゅきょう》』にも、同じ意味のことが記されております。要するに五部の諸仏諸尊に対する念珠の相違は左の通りであります。

五部《ぶ》
- **仏部《ぶつぶ》**——菩提子の念珠
- **金剛部**——金剛子の念珠
- **宝部**——金、銀、頗梨《はり》、種々諸宝の念珠
- **蓮花部《れんげぶ》**——蓮花子の念珠
- **羯磨部《かつまぶ》**——種々間錯の雑色の念珠

三　五部の説明とその念珠

この五部の諸仏諸尊ということは、特に真言密教に於て、金剛界五部という言葉を申しますが、その中、**仏部**とは如来部のことで、大日如来を中心として、理智円満《りちえんまん》の仏果を云うのであります。次ぎに**金剛部**とは、智慧の妙用《みょうゆう》に名づけたもので、あらゆる煩悩妄想を摧破《さいは》する力の勝れたことを金剛に喩えたものでありますから、智慧の仏を金剛部と云い、阿閦如来《あしゅくにょらい》を中心として、その他、不動明王の如きも、金剛部に属します。次ぎに**蓮花部**とは、清浄の理に名づけたもので、蓮花の泥中より出でて染まらず、不染無垢《ふぜんむく》の理を蓮花に喩えたものでありますから六道生死の泥中に応現して、衆生を済度せられる仏を蓮花部と云い、阿弥陀《あみだ》如来を中心として、その他の観世音菩薩の如きも、蓮花部の菩薩であります。次ぎに**宝部**とは、仏の万徳円満《まんどくえんまん》なる中に於て、特に福徳無《ふくとくむ》量《りょう》の仏を抜き出して、宝部の仏と云い、宝生《ほうしょう》如来を中心にしております。次ぎに**羯磨部**《かつまぶ》とは、羯磨（Karma）は梵語で、迦嚕摩《かろま》とも申しております。業とか、所作とか、作法弁事《さほうべんじ》とか翻訳しまして、諸仏諸尊の身体手足に取捨屈伸《しゅしゃくっしん》せられるお姿を云ったものであります。故に、常には威儀《いぎ》事業《じごう》と翻訳し、仏が衆生のために慈悲を垂れて、一切の事業を成弁《じょうべん》せられる四威儀を羯磨部と申したもので、釈迦如来を中心としているのであります。

以上の五部の諸仏諸尊に対して用いる念珠は、**仏部**は**菩提子**であります。菩提子の念珠はあらゆる念珠の中に於て、功徳利益のもっとも勝れたものであります。

次ぎに**金剛部**は**金剛子**であります。金剛子とは前にも説明しました如く、梵語を烏《ウ》嚕《ロ》陀《ダ》羅《ラ》迦叉《キャシャ》(Rudrākṣa) と云い、金剛樹とか、天目樹《てんもくじゅ》とか云えるものの実であります。『慧琳音義《えりんおんぎ》』には、

西方樹木の子《み》、核《かく》の文《もん》、机の核に似たり。大きさ小桜《こざくら》、桃《もも》顆の如し、あるいは小弾子《しょうだんし》の如し、顆あり、紫色なり、これを金剛子と名づく、数珠と作すに堪えたり、金剛部念誦の人、即ち之れを用ゆ、珠《たま》甚《はなは》だ堅硬《けんこう》なり。

と云っております。次ぎに**蓮花部**は**蓮子**であります。蓮子とは前にも説明しました如く、蓮華の果実であります。その中、青い蓮子が最上のものとされておりますから、『陀羅尼集経《だらにじっきょう》』には、青蓮子を以って念珠を製作するように申してあります。次ぎに**宝部**《ほうぶ》は**諸宝珠**《しょほうじゅ》であります。すなわち、金、銀、瑠璃、硨磲《しゃこ》等の七宝の念珠であります。次ぎに**羯磨部**《かつまぶ》は種々間錯《けんざく》せる**雑色**《ざっしき》でありまして、和合珠《わごうしゅ》であります。前の宝部《ほうぶ》に於ける諸宝珠に似てはおりますが、前は一色であります。これは雑色《ざっしき》でありまして、七宝に限らず、真珠、瑪瑙、珊瑚、菩提子、金剛子等の異子異玉を種種に雑えたる念珠を云うのであります。

四　諸仏諸尊に対する念珠の執り方

次ぎに念珠の用法として、五部の諸仏諸尊を礼拝するに、それぞれの念珠の執り方があるのであります。先ず『摂真実経《しょうしんじつきょう》』に、

復た次ぎに、仏部の持念《じねん》を作《な》すには、右の拇指《はし》と、頭指《すし》とを以って、念珠を執持《しゅうじ》し、余の指は普《あま》ねく舒《の》べよ。もし金剛部の持念には、右の拇指と、中指とを以って、念珠を持せよ。もし宝部の持念には、右の拇指と無名指《むめいし》とを以って、念珠を執持せよ。もし蓮花部の持念には、大拇指と、無名指と、小指とを以って、念珠を執持せよ。もし迦嚕摩部《かろまぶ》の持念には、上の四種を用いて執持すること皆得。

と申してありますが、今、これを図表にて示せば、左の通りとなります。

五部	仏　部	右の手の拇指と頭指とにて執る
	金剛部	右の手の拇指と中指とにて執る
	宝　部	右の手の拇指と無名指とにて執る
	蓮花部	右の手の拇指と無名指と小指とにて執る
	羯磨部《かつまぶ》	右の手の拇指と他の四指とにて執る

また『守護国界経《しゅごこくかいきょう》』には、

　五部珠《ぶたま》を掐《つか》む法は、大拇指を用いること同じ。仏部は頭指に承く。金剛部は中指、宝部《ほうぶ》は無名指、蓮花部は三を合す。羯磨は四指を以って承く。皆初節《みなしょせつ》を用ゆ。

と申してありますが、前と同じような意味であります。

次ぎに『蘇悉地経《そしつじきょう》』にも、念珠を執る方法が挙げてあります。すなわち、

　仏部の念誦には、右の手の大指と、無名指と、両方の頭相合《はしあい》わせて、中指と小指とを直真に舒《の》べ、頭指を微《すこ》しく屈《かが》めて、中指の中の節の側に附けて数珠を掐《つま》ぐれ、蓮花部には、大指と中指との頭相合《はしあい》わせて、余の指は皆舒《の》べよ。金剛部には大指と頭指とを相合わせて、余の指は普ねく挙げて数珠を掐《つま》ぐれ。

と申しております。これには宝部と、羯磨部《かつまぶ》とが説いてありませんが、要するにこれは真言密教で云う三部の説でありまして、前者の五部は金剛界の諸仏諸尊でありますし、今の三部は胎蔵界《たいぞうかい》の諸仏諸尊であります。故に、五部の諸仏諸尊に対する念珠の執り方と、三部の諸仏諸尊に対する念珠の執《と》り方とを示したものであろうと思います。

また、この念珠の執り方について、一般に右の手で執《と》るように申してありますが、これは右の手を以って、智慧に配当し、左の手を以って禅定に配当するのでありますから、常に念珠は右の

手にて執り、心の前に当《あ》てて掐《つま》ぐることになっております。しかし『蘇婆呼童子経《そばこどうじきよう》』の如きは、
虔心《けんしん》に数珠を執持し已《おわ》って念誦すべし。あるいは右の手、あるいは左の手を用いて、応《まさ》に真言を念ずべし。
と申してありますから、強《あなが》ち右の手とのみ限っておりません。

五　念珠を掐ぐる上の注意

それから、念珠を掐《つま》ぐるのに、必ず一誦に一顆を掐ぐり、母珠に至らば、また更に、始めて掐ぐった方へ向けて、逆に掐ぐるのであります。常に始めの掐ぐり方を自証《じしよう》と云い、更に掐ぐり返すのを化他《けた》と云います。五十四位の菩薩修行の階位を経て、仏果円満の位に至り、更に衆生済度の化他の方面へ繰り返すと云うので、決して母珠を越えて繰らないようにしなければなりません。『金剛頂経一字頂輪王瑜伽一切時処念誦成仏儀軌《こんごうちようぎよういちじちようりんのうゆがいつさいじしよねんじゆじようぶつぎき》』にも、
初め母珠より起って、一誦に一遍を掐《つま》ぐり、密言《みつごん》を斉平《せいへい》ならしめよ。母指に至らば、却えりて廻らしめよ、母珠を越すべからず、驀過《まくか》すれば越法罪《おつぽうざい》なり。
と云っております。故に念珠を掐ぐる時は、必ず一仏名《ぶつみよう》に一顆、一真言に一顆でありまして、心に落ち着けて、静かに唱え、静かに掐ぐらねばなりません。途中で、いろいろと思って、余念を

雑えてはなりません。すなわち、前の『金剛頂経』にも、
若《も》し数珠を執《と》って、数を記せば、一百八遍満《み》たざる中間に語るべからず。
と申してあります。また『木槵子経《もくけんしきょう》』にも、
木槵子《もくけんし》一百八を貫ぬいて以って、常に自ら随《したが》え、もしは座、もしは臥、つねに至心に分散の意なく、仏陀《ぶつだ》、達磨《だるま》、僧伽《そうぎゃ》の名を称えて、乃ち一の木槵子《もくけんし》を過ごせ。
と申しております。

六　口と手と一致する事

かくの如く、念珠の用法はむずかしいのであります。決して違法を行い、越法罪《おっぽうざい》を犯してはなりません。ただ無闇に念珠を掐《つま》ぐり、誦呪《じゅじゅ》称名の遍数と、掐《つま》ぐる珠の数とが齟齬《そご》するようなことがあってはなりません。故に『念珠略詮《ねんじゅりゃくせん》』にも、
あるいは口に誦する真言は遅けれども、手は早く掐《つま》ぐり了《おわ》りて百遍とし、千遍として、我は何千遍、何万遍の日課をするなんど云うもの、街に溢《み》てり、非法の至り、大息《だいそく》するになお余りあるものなり。
と云って、大いに誡《いま》しめてあります。

しかし無記数繰過《むきすうそうか》の便法《べんぽう》と云って、余り遍数とか、時間とかに拘泥《こうでい》せず、ただ念珠を持用して、常に仏名陀羅尼を唱える便法もあるのであります。すなわち、『顕密円通成仏心要集《けんみつえんずうじょうぶつしんようしゅう》』にも、一に無数持、謂く数珠を持ち、数を定めず、常に間断なく、之れを持せよ。

と申してあります。

七　仏教信者は必ず念珠を用いよ

念珠は一般的に、仏教信者として、み仏を礼拝する時には、持たねばならぬ法具であります。別に定まった時間に、定まった遍数を唱えるというのでなしに、ただ、み仏をおがむという時には、必ず持たねばなりません。昔、唐土に無着《むじゃく》法師という人がありました。五台山《ごだいさん》に登って、文殊《もんじゅ》菩薩を礼拝しようとして、五台山華厳《けごん》寺に行かれたのであります。すると、堂内に茶を喫する老僧がありました。その老僧は、無着法師に問うて云うには「汝、遠く南方より此処に来たる。念珠を持ちて礼拝するや、請《こ》う、念珠を我れに看《み》せよ」と申したので、無着法師は心づきて、懐中を探り、念珠を取り出さんとする間に、その老僧の姿は隠れたので、無着法師は、その老僧の文殊の化身なりしことを始めて知り、大いに礼拝せられたということであります。故に、念珠は必ず仏教信者として、み仏の前に出るには、持たなければならぬ法具であります。この法具を持たなければ、仏教信者として大いに恥ずべきことと思わなければなりません。

しかし、念珠は持たなければならぬ法具ではありますが、決して一種の荘飾品ではありません。徒《いたず》らに珍しい高価な念珠を求め、慢心に念珠を持ち「我れは何千遍唱えた」とか、「何万遍唱えた」とか云って、自慢すべきものではありません。それでは却って、念珠の功徳利益はなく、仏教信者として罪を造り、仏道修行の障りとなるのであります。故に、大いに注意しなければなりません。敢《あ》えて婆心《ばしん》を以って、くれぐれも苦言を呈しておく次第であります。

第九章　念珠と各宗

一　仏教各宗の念珠の相違

念珠に関して、大体のお話は前章までに説明し終ったのでありますが、更に仏教各宗に於ける念珠の相違について、少し書き加えることに致しましょう。

実は、このことを書くのに、私としては幾度か躊躇《ちゅうちょ》したのであります。それは仏教各宗と申しましても、甚《はなは》だ範囲が広いのでありますし、各宗の念珠の相違を研究するには、よほど、材料が適確であらねばならぬと思ったからであります。しかるに現今、各宗に於て用いられる念珠は、殆んど経軌にその説なく、その宗旨宗旨の意楽《いぎょう》に任せて、いろいろの念珠を用いているので、これの研究の発表は、とても此《こ》の小冊子の能《よ》くするところでなく、且《か》つ発表したからと云って、それが一般の読者に対しては、余りに興味のないことであります。故に私は、ここで委《くわ》しい説明をするつもりではありません。ただ各宗の特長とする念珠の二三についてのみ、その相違を述べて見たいと思うのであります。

なお、始めに一言つけ加えて置きたいのは、仏教各宗と申しましても、非常に沢山の宗旨があります。そして、その宗旨宗旨の用いる念珠は、いろいろに相違しております。しかも、同じ宗旨でありながら、その宗派に依って、また念珠に多少の相違があるのであります。同じ天台宗でも、山門とか寺門とか、乃至は西教寺派《さいきょうじは》とかに分れ、真言宗でも、大きく云えば古義《こぎ》と新義《しんぎ》とに分れ、更に、その中から種々なる本山に分派しております。禅宗でも浄土宗でも、また真宗でも日蓮宗でも、みなその中から幾多の宗派が分れておりまして、その宗派宗派に用いる念珠も、その宗派の意楽に任せて、いろいろに相違しているのであります。殊に近年に至りては、好事者が種々なる念珠を工夫して、あるいは新案特許を得たなどと云って、宣伝して見たり、あるいは本山自体からが、新奇《しんき》な念珠を注文されているとか申す次第で、これらを真面目くさって研究していては、却《かえ》って念珠本来の意味を没却《もっきゃく》してしまうということになります。故に私は、なるべく根本的相違のみについて述べて見たいと思うのであります。

二　仏教各宗の中にて六宗を挙ぐ

前にも述べた通りに、仏教には各宗各派に分れ、実に沢山の宗旨が出来ております。もとより、これは我々凡夫が沢山にあって、しかもその根機がまちまちに分れておりますから、それを救う宗旨も、またいろいろに分れなければならぬのであります。そして、その宗旨の何れもが皆この念珠を用いて、下根《げこん》の我等凡夫を導いて下さるのであります。すなわち、この念珠に依ってみ仏を礼拝し、真言陀羅尼《だらに》や、お念仏とかお題目とかを唱えて修行し、自分自身の心を清浄に保って、尊い、有り難いみ仏の位に進んで行くのであります。故に仏教信者たるものは、是非とも、その宗旨宗旨の念珠の大体を心得て、その宗旨の深い道理を知り、それを我がものにするよう、大いに味わって頂きたいと思うのであります。

仏教には、実に多くの宗派に分れておりますけれど、その中でも、特に宗派として大いに勢力があり、現代の人心を支配しているものは六宗だけであろうと思います。それは天台宗と真言宗、禅宗と浄土宗、真宗と日蓮宗とであろうと思います。その他にも融通念仏宗《ゆうずうねんぶつしゅう》とか時宗《じしゅう》とかいう宗旨があります。また極めて古い宗旨では、法相宗《ほっそうしゅう》とか華厳宗《けごんしゅう》とか、あるいは律宗《りっしゅう》というような宗旨もありますが、しかし、これらは極めて微々たる勢力でありまして、前の六宗の勢力には、とても及ばないのであります。故に今も、ただ現代に於てもっとも盛んな六宗の宗旨のみについて、念珠の相違をお話することに致しました。

三　天台宗の念珠

先ず天台宗は伝教大師《でんぎょうだいし》に依って伝わった宗旨であります。那須大慶師《なすだいけい》の『諸大宗数珠纂要《しょだいしゅうじゅずさんよう》』には、伝教大師御所持の念珠として、近江国赤尾の西徳寺《さいとくじ》所蔵の一百八顆の水精の念珠を載せております。それに依ると、親玉の水精の上に銀製の菊座を七重つけてあります。それから普通の念珠と相違する点は、親玉と反対の方に四点が加えられていることと、記子が二十顆つけてあって、それが末になるほど小さくなっていることであります。

次ぎに天台宗の慈覚《じかく》大師御所持の念珠は、前の第二章に於て述べた通りであります。また智証《ちしょう》大師を初め、慈覚大師、恵心《えしん》僧都、覚超《かくちょう》僧都、覚猷《かくゆう》僧正、尊猷《そんゆう》僧正の如きも、常に念珠を御所持になっておりました。ことに恵心僧都の如きは、もっとも浄土門に関係の深い人で『往生要集《おうじょうようしゅう》』を著し、「第八念仏証拠門《だいはちねんぶつしょうこもん》」には『木槵子経《もくけんしきょう》』を引いて、念珠の縁起を丁寧に示されているのであります。

この天台宗の用いる念珠は、もとより一百八顆であって、根本的なものであります。すなわち、日本の天台宗は、台《たい》、密《みつ》、禅《ぜん》、戒《かい》の四宗一致の宗旨でありますから、念珠もこれらの四宗に用いる念珠となり、そのもっとも根本的なものと云わねばならぬのであります。

また別に「**記数の念珠**」と申しまして、顆数一百八顆、親玉はただ一個のみ入れてあります。親玉から七ツ目と、二十一目とに四点を加えていることは、普通の念珠と相違ありません。補処《ほしょ》の玉もあり、また記子には、一方の房に十顆の円玉と、他の一方の房に二十顆の平玉とを加え、記子留《きしどめ》が一顆ずつ加えられて、その親玉から垂れているのであります。

四　真言宗の念珠

真言宗は弘法大師に依って開かれた宗旨であります。弘法大師が唐土から御請来《ごしょうらい》になった念珠については、前の第二章にも述べて置きましたが、もっとも委《くわ》しく載せてあるのは、権田《ごんだ》雷斧《らいふ》師の『密教法具便覧《みっきょうほうぐべんらん》』であります。経軌所説様《きょうきしょせつよう》の念珠一図と、弘法大師御請来様の念珠八図と、更に正倉院所蔵の念珠二図とを掲げております。そして最初の念珠の説明のところをそのまま引きますと、

密教の行法には、必ず一百八顆の念珠を持するを以って最勝と云う。一百八顆は所断について云えば、金剛界《こんごうかい》の一百八尊を表わす。所断の煩悩は観音の大悲のために摂受《しょうじゅ》せられ、能断《のうだん》の人法は観音の大悲を以って精神とする義を表わして「縄線表《じょうせんは》二観音《かんのんをあらわす》一」と説く。故に線は赤色なるべし。母珠を以って弥陀となすは、観音の大悲三昧の功徳は、本地の弥陀に帰する義を表わ

す。線を以って母珠を貫《つらぬ》くは即ちその義なり、又数珠は記憶を功《こう》とするを以って、妙観察智《みょうかんざっち》の三昧なり。故に弥陀を以って母となす。数珠は即ち弥陀の三摩耶形《さんまやぎょう》なり。又七遍目と二十一遍目に記する小珠は本よりあるものにあらず、往古は絲を結びて記とせり、中古、小珠を加入して記とせり。故に本儀にあらざることを知るべし。余は之れを略す。

と申してあります。今その一々の図面を掲げることは出来ませんけれども、みな是の『密教法具便覧』に載せてある図には、四点が加えてないということは、大いに注意すべきことと思います。また、密門《みつもん》の『真言宗持物図釈《しんごんしゅうもちものずしゃく》』には、密教の念珠として四図載せてあります。一には下品の二十七顆と、中品の五十四顆と、最勝の一百八顆と、更に現今多く用いております一百八顆の二個の母珠と、両方の房に十個ずつの記子を加えた念珠とを挙げております。しかして、これらの念珠には四点を入れているということに注意しなければなりません。

要するに、真言宗の念珠は、多く経軌に依って作られたものであります。故に前に述べました第三章の「**百八の念珠**」より、第八章の「**念珠の用法**」までは、ことごとく真言宗が依り用いているものと思えば良ろしいのであります。しかして真言宗の念珠の繰り方は、多く真言宗の阿闍梨から如法に伝授を受けることになっております。決して軽々《けいけい》に取り扱ってはなりません。今、大体の繰り方を申すと経軌に示す如く、念珠の一方のみ繰って、他の一方を繰らないのであります。すなわち、親玉から数を取って、一方の五十四顆を繰り、更に逆に繰って、始めのところに帰るのであります。これには種々なる相伝があるので、一方の五十四顆は自証《じしょう》と云い、自分の修行の結果、迷いより悟りに至る径路と見るのであります。また、これを逆に転ずるのは化他《けた》と云い、自分の悟った境界から、今度は一切の他の人を救うという方面に出るのであります。また本有《ほんぬ》と修生とに区別したり、涅槃《ねはん》と菩提《ぼだい》とに区別したり、あるいは上転《じょうてん》と下転《げてん》、本覚《ほんがく》と始覚《しかく》とに区別したり、実に重々無尽の相伝があります。

念珠の顆数は最勝の一百八顆を多く用いますが、しかし、また「片繰《かたく》り念珠」と申しまして、五十四顆の念珠で、一個の母珠あり、母珠より七ツ目と二十一目とに小珠を入れ、一周すれば、前の一百八顆の念珠の片一方を繰ったと同じことであります。そして母珠《ぼしゅ》から房《ふさ》を垂れ、補処の玉あり、十顆の記子もあり、記子留も加えてあるので、これが本来の念珠であり、これを二連相合して、二個の母珠ある一百八顆の念珠となったものであろうと思います。

五　禅宗の念珠

禅宗の念珠も、また一百八顆の念珠であります。四点あり、補処の玉あり、補処の玉のある方の房に二十顆の記子があり、記子留も加えられております。そして二十顆の記子は、その中間のところで一度結んであります。また一方の房には記子がないのでありますが、しかし時には十顆列ねてあるものも用いるのであります。

もとより、この禅宗では、お念仏を唱えたり、お題目を唱えたりするのではありませんから、念珠を用いる必要はありません。ただ法器の一として取り扱い、常には袈裟を掛けた場合、左の腕に掛けることになっております。そしてみ仏の前に立った時、左手に持って二匝《そう》となし、礼拝するのが常となっております。

また別に、「**看経**《かんきん》**の念珠**」と申しまして、前の天台宗に於て用いる「**記数の念珠**」と同じようなものであります。しかし、記子は常の百八念珠と同じく補処《ほしょ》の玉、二十顆の記子、記子留の玉もあり、そして二十顆の記子の中間に於て、一度結んであるのであります。

また略式の時には、携帯に都合の良いように、十八顆の念珠を用います。これは無著道忠《むじゃくどうちゅう》禅師の『禅林象器箋《ぜんりんしょうきせん》』にある如く、中国の禅僧の伝来であります。

禅僧と念珠とは別に宗旨として深い関係はありません。禅宗では禅板《ぜんぱん》とか、払子《ほっす》とか、あるいは竹篦《しっぺい》とか、拄杖《しゅじょう》とかいうような禅宗独特の道具とは違いますが、しかし大顚《だいてん》禅師が韓文公《かんぶんこう》に念珠を提起して問答したというが如き例もあります。また由良《ゆら》の法燈《はっとう》国師が、宋《そう》の無門慧開《むもんえかい》禅師から水晶の念珠を受けられたこと、念珠の偈《げ》として、

百八《ひゃくはちの》摩《ま》尼《に》顆《か》顆《か》円《まどかなり》　遼天《りょうてんの》鼻《び》孔《くう》一《いっ》斉穿《せいにうがつ》
恒《ごう》河《が》沙《しゃ》数《すうの》仏《ぶつ》菩《ぼ》薩《さつ》　日《にち》日《にち》呼来跳一圏《よびきたっていっけんにおどらす》

と云うが如きもあります。また『宝王論』には、「出入《しゅつにゅう》の息を以って、念珠となす」と申してありますから、禅宗信者が心を静め、丁寧に出入の息に任せて、み仏を拝み、自心を深く観ずるとき、この念珠を自然に繰るというが如きも、大切な心得の一であろうと信じます。

要するに禅宗では、他仏《たぶつ》を礼拝すると云うよりも、自己内心《じこないしん》に取って返して、自分の本心本性を見るということが主であります。昔、中国に於て有名な蘇東坡《そとうば》という大学者が、仏印《ぶついん》禅師と共に、何処かへ出掛けられた時、道に行道観音《ぎょうどうかんのん》という観音様のお姿が祀《まつ》ってあったので、そのお姿を拝むと、観音様の手に数珠を持っておられるを不審に思い、蘇東坡先生が仏印禅師に向って、「常人《じょうじん》、数珠を提《ひっさ》げて観音を念ず、観音、数珠を提《ひっさ》げて甚麼《なに》をか念ず」と問うたのであります。すなわち、通常の人ならば、数珠を持って仏様を拝むのでありますから、数珠の必要もありましょうが、観音様は人から拝まれる御身の上でありますから、数珠は要らん道理ではありませんか。しかるに今、観音様が数珠を持っておられるのは、どういう訳でありますかと、問うたのであります。すると、仏印禅師は、「人に求めんよりは、己《おのれ》に求むるに如《し》かず」と、お答えになったのであります。すなわち、実際の礼拝というものは、先ず自己を礼拝するということがもっとも肝心なことであります。自分をお留守にして、他仏を信仰しても、それは所詮《しょせん》、なんの役にも立たぬというのが、禅宗の信仰の要諦《ようたい》でありますから、何はさておき、先ず第一に自分自身を信仰し、自分自身を礼拝して、自分自身の主人公をお留守にせぬよう心掛けねばならぬのであります。

六　浄土宗の念珠

浄土宗《じょうどしゅう》は円光《えんこう》大師に依って開かれた宗旨であります。円光大師は常に念珠を持ってお念仏を唱え、その弟子にも多く念珠を授けられた事実は、枚挙《まいきょ》に遑《いとま》がありません。そして、その念珠もいろいろに分れていたように思われますが、現今、多く浄土宗に用いられるのは四種類あるように思います。

第一には**百万遍の大念珠**と申しまして、一千八十の珠を列ねたもので、これを多くの人に依って繰《く》るのであります。すなわち道俗を簡《えら》ばず、多人数が環《わ》の如くに坐り、一の大念珠を掐《つま》ぐって、異口同音にお念仏を唱えるのであります。そして一千八十珠を一周するのを一千遍と云い、百周して十万遍となし、これを一段の切りとするのであります。そして、これを一日に千周して一百万遍するを成満したものとするのであります。この大念珠には親玉があり、房《ふさ》もありますが、弟子珠は入れてありません。念珠を繰る時に、親玉を越すは、越法罪《おっぽうざい》でありますから、必ず親玉に至れば頂戴して、その罪を謝せなければならぬと云うのであります。かくの如くに多人数で繰る大念珠と、更に自分独りで繰る「日課念珠《にっかねんじゅ》」もあります。すなわち、自分独りで百万遍のお念仏を唱える人もあるのであります。この時は親玉を越えても頂戴せず、別に越法罪とならぬと云い、ただ単に数取りに念珠を用いるということになっております。

第二には百八の念珠でありまして、これにも二種類あります。一には「道具念珠《どうぐねんじゅ》」と申しまして、道具衣荘厳服《どうぐえそうごんふく》を着た場合に、水晶等の念珠を用いるので、その親玉には房があるのは常の通りであります。二には「日課念珠」と申しまして、日課念珠の便利を計って、菩提子等で作った念珠で、親玉から房を垂れず、別に金属で作った小環《しょうかん》を入れ、環より弟子珠を入れた房を垂れるのであります。

第三には二連念珠でありまして、これは前の第二章に於て、委《くわ》しく述べておきましたが、浄土宗独特の念珠で、二連の念珠を一にしたものであります。これにも二種類あって、六万遍用と三万遍用とあります。

第四には三十六顆を列ねた念珠で、これは携帯用のものであります。すなわち百八の念珠を三分したものと見て良ろしい。

以上の如く、大体に於て四種類ありますが、浄土宗は一向専念の宗旨でありますから、特に念珠のことをやかましく云うので、お念仏を唱えるにも、真読念仏《しんどくねんぶつ》とサラグリ念仏とがあります。真読念仏とは、念仏一声に一顆を掐《つま》ぐることで、極めて丁寧に念珠を繰《く》ることであります。サラグリ念仏とは、念仏一声に二三顆を掐ぐることで、念珠を繰ると云うよりも、寧ろ真に念仏を唱えるという方に重きを置いたのでありますから、別にサラグリ念仏でも、真読念仏に劣《おと》ったという訳ではありません。行者の意楽《いぎょう》に任せて、いずれの繰り方でも良いのであります。

七　真宗の念珠

真宗は円光《えんこう》大師の弟子の見真《けんしん》大師に依って開かれた宗旨であります。また念珠を大切にすることは浄土宗と同じでありますが、しかし念珠を以って往生浄土の因《いん》とは致しません。ただお念仏を唱える時、み仏を礼拝する時に、必ず念珠を持つように勧められたのに過ぎぬのであります。見真大師が弟子に伝えられた念珠のことは、前の第二章に於て述べた通りであります。その後の中興たる蓮如《れんにょ》上人も大いに念珠を勧められ、『御文《おふみ》』の二帖目第五通に、

抑《そもそも》、此三四年のあいだにおいて、当山の念仏者の風情《ふぜい》をみおよぶに、まことにもて他力の安心《あんじん》決定《けつじょう》せしめたる分なし、そのゆえは、珠数の一連をも、もつひとなし、さるほどに、仏をば、手づかみにこそ、せられたり、聖人、またく、珠数をすてて仏をおがめと、おおせられたるこ

となし。

と申されております。しかし真宗の念珠は別に数取りに用いるのでありませんから、蓮如上人は弟子を上に詰めて、数の取れぬようにし、下の房の長きを捲《ま》き上げられて結ばれたので、これを俗に「**蓮如結《れんにょむす》び**」と申しております。そして蓮如上人より円明房《えんみょうぼう》へ授けられたという念珠は、四点を加えず、補処の玉も加えず、ただ一方の房のみに記子二十顆を加えられて、その中間を一度結んだものであります。

要するに真宗の念珠を用いる意味は、別に煩悩を断ずるというためでもなく、功徳を積むというためでもなく、また念仏の数取りに用いるというためでもありません。ただただ礼拝恭敬《らいはいくぎょう》、仏《ぶつ》事《じ》勤行《ごんぎょう》のために法具の一として用いるというのみで、委《くわ》しいことは『明灯鈔記《みょうとうしょうき》事《じ》珠《しゅ》』等に出ております。故に、この真宗で用いる念珠は、百八念珠を二匝《そう》にして、くくってあります。そして「**半装束《はんしょうぞく》の数珠《じゅず》**」の如きは、百八の念珠で、四点も入れ、記子も記《き》子《し》留《どめ》も、常の念珠の如くに入れてありますが、しかし補処の玉は入れてありません。そして百八念珠の中、半数の白玉、半数は黒玉、すなわち、母珠から両方へ二十二顆ずつと、反対の母珠から両方の五顆ずつとが白玉で、その余は黒玉であります。そしてこの百八の念珠を二匝となし、その房が白であって、実に立派な房が垂れているのであります。なお此の外に常の百八念珠も用いますが、特に相違する点は、補処の玉を加えないことと、反対の房は蓮如結びにしてあって記子玉は全然ないことであります。

八　日蓮宗の念珠

日蓮宗は日蓮聖人に依って開かれた宗旨であります。日蓮聖人が念珠を愛用せられたことは申すまでもありません。お題目を唱えるときには「**記数の念珠**」を用います。記数の念珠はやはり百八の念珠であります。一方の親玉には二十顆の記子あり、中間にて一度結んであります。記子の端には記子留も加えられております。また一方の親玉には五顆ずつの記子と記子留とを列ねた二紐《ひも》があり、また別の一紐を垂れて、それに十顆の玉を列ねておりますが、これには記子留が加えられておりません。すなわち、この一紐は数取りとして加えてあるので、これが日蓮宗の念珠の特長であります。

これよりも、この日蓮宗に於ては、「**数珠曼荼羅《まんだら》**」を説いて、念珠の一顆一顆に深妙の表示を伝えております。口絵に掲げてあるのが、その数珠曼荼羅でありまして、委《くわ》しいことは『法《ほ》華経《けきよう》御《み》鬮《くじ》霊《れい》感《かん》籤《せん》』の上巻の終りに、「数珠之説」と題して、数珠曼荼羅の深妙の義が説明されております。また中巻の始めにも、数珠の功徳が丁寧に示されております。今は、それらの説明を一切略することに致しましょう。

九　その他の宗旨の念珠

以上に於て六宗の念珠の大体を述べましたが、その他、融通念仏宗《ゆうずうねんぶつしゅう》とか、時宗《じしゅう》とかいう宗旨も、共に称名念仏を以って立っている宗旨でありますから、念珠を大切にすることは云うまでもありません。融通念仏宗では百万遍の念珠を用います。時宗でも称名一遍に念珠一顆を繰《く》り、六万四千八百遍に至るを「日課《にっか》称名《しょうみょう》正定業《しょうじょうごう》」と申しております。故にその念珠も一千八十の大念珠を用いますが、主として百八の念珠が根本となっておるので、別に異種異様《いしゅいよう》の念珠を用いるのではありません。浄土宗に用いる念珠と同じようなものと思えば良ろしい。

第十章　念珠と信仰

一　念珠も一般化されたのである

前にも述べた如くに、仏教の各宗各派に於ては、みな念珠を用い、その宗旨宗旨に依って大切に取り扱っております。殊に天台宗と真言宗に於ては、経軌の示すところに依って念珠を作製し、専ら念誦作法の上に用いられております。また浄土宗と日蓮宗に於ては、その宗旨の意楽《いぎょう》に任せて念珠を作製し、専らお念仏を唱えたり、お題目を唱えたりする時に、常に用いられておりますが、これは共に念珠というものに依って、良くその宗旨の深義を示したものであろうと信じます。

かくの如く念珠は、その宗旨宗旨に依って深く説明され、常に愛用されるようになりましたのも、これ遍えに経軌に念珠の功徳が明かされているからでありましょう。それは前の第七章に於て述べた通りであります。故に念珠は一般に広く用いられるようになって、それぞれ携帯用に便利なものが沢山に作製されるようになりました。また体裁の良いもの品質の良いものが沢山に作製されるように見受けられます。試みに珠数屋へでも行って、念珠の種類を聞いて見るならば、実に驚くべき程、その種類が沢山にあるのであります。この頃は「指環《ゆびわ》念珠」とか「腕巻《うでまき》念珠」とかが用いられております。極めて小顆を列ねて指環と同じく指にはめるのが指環念珠であります。また念珠の親玉のところに、自在に紐で締めるようにして、腕にはめるのが腕巻念珠であります。また、この腕巻念珠の紐をゴム紐にして、伸縮自在になし、腕に巻く新案も工夫されているようであります。

また顆数の相違の如き、とりどりの玉を加えて綺麗に作製せられたもの、その他の種類は、とても此処で申し上げることも出来ない程、極めて沢山にあるのでありますが、これも念珠の一般化であって、一般的に愛用された結果であろうと思います。

二　念珠を粗末にしてはならぬ

一般化された念珠は、ここに念珠の価値というものが低下《ていげ》されたように思います。経軌に示されておるところを読んで見ますと、常に仏前に供えて置いて、念誦する時にのみ、行者が取り上げるということになっております。また古代に於ては総べて筺《はこ》の中に蔵めて置いたもののように思われますが、もとより大切な法具でありますから、丁重に取り扱うのが当然であります。しかるに、現今の如く一般化されて指環になったり、腕巻きになったり、行住坐臥、少しも自身の肌身を離さぬようになったのでありますから、自然に、ここに念珠を粗末にするという傾きが出来たのであります。

故に、昔のような念珠に対する敬虔《けいけん》な信仰というものが欠けているように思います。決して粗末にすべきものではありません。念珠は飽くまでも、仏教信者の生命であると考え、仏前に於てのみ用いるとか、自分が敬虔の心で、真言陀羅尼《しんごんだらに》を念誦するときとか、あるいはお念仏を唱えるとき、お題目を唱えるときとかに使用せられるよう、その他は一切、大切にして蔵めて置くというようにしなければならぬのであります。

三　念珠の霊験奇瑞と信仰

実に念珠は大切に取扱うべきものであります。三世《ぜ》の諸仏が、御修行の時に用いられた大切な法具であります。これを持すれば徳を成し、これを戴けば垢《あか》を滅するものであります。故にその霊験奇瑞《れいげんきずい》を得た人は、実に無数と云っても良いのであります。多くの和漢の名僧知識が念珠を伝えて霊験を示し、奇瑞を表わされて、広く一切の衆生を救済されたという事実は、決して少ないことはないのであります。それは多くの僧伝や、あるいは霊験記などを読んで見まするとその例証が沢山に記されております。『数珠纂要《じゅずさんよう》』の後編にも、「念珠の奇瑞利生《きずいりしょう》」と題して、病悩《びょうのう》平癒《へいゆ》の奇瑞《きずい》、菩薩の霊告《れいご》、神竜献備《しんりゅうけんび》の奇瑞、法然聖人《ほうねんしょうにん》星念珠《ほしねんじゅ》の奇瑞、見真大師《けんしんだいし》珠数《じゅず》掛《か》け桜の縁起、蓮如上人《れんにょしょうにん》日脚《にっきゃく》念珠《ねんじゅ》の奇瑞などが掲げてありますが、これはただ有名なもののみを挙げたので、その他にも、沢山の例証はあるのであります。

要するに、これ等の不可思議なる霊験奇瑞は、もとより三宝の威神力ではあろうけれども、特に念珠を持つべき人の敬虔なる信仰心から表われた功徳利益であろうと思います。故に、仏教信者たるものは、念珠を持つ前に、深く自分自身の内心に向って、大いに反省する必要があるのであります。

四　信仰はいかにして求められるか

ただ念珠を持つというだけでなしに、念珠を持ったならば、持っただけの心がなくてはならぬ。すなわち敬虔の心になって、念珠を持つことが、何よりも大切なことで、前の第一篇に於て述べたるが如く、み仏の前に向って合掌するとき、念珠を手に掛けて、み仏を伏し拝むとき、ほんとうに何もかも打ち忘れて、心の底から純真な心とならなければならぬのであります。それには、どうしても信仰心を求めるということが必要で、これが容易なことではありません。これを自分自身の内心に求めるか、あるいは、これを他の方面から求めるか、何れにしましても、この二者が一つとなって、始めて真個の信仰となるのであります。

先ず第一に、自分自身の内心に向って深く反省し、自分が現在、果して立派な行為をしているであろうか、これを表面へさらけ出しても、恥ずかしくはないか、ほんとうに天地に恥じざる行為を毎日なしているであろうかということを、自分独りで、その内面生活を反省することが大切であります。そして、その反省の結果、そこに赤裸々たる自分の姿を見つめ、いかにも浅間《あさま》しい、実に恥ずかしい姿であるということに目覚めたならば、それが直ちに信仰心に入る最初の資格を得たというものであります。

故に、仏教信者たるべきものは、先ず第一に自分自身を反省し、深く深く内観して、今まで「自分は恥じ知らず」であった、「無慚無愧《むざんむぎ》のこの身であった」ということを痛切に感ずるということが必要であります。この内観が深ければ深いだけ、この身の無慚無愧であったということを深く感じ、そこに、ほんとうに、他に向ってみ仏を礼拝するという心になるのであります。しかも、み仏を礼拝したからと云って、このような罪深き身が救われようとは思わないところに、真個の反省があり、ますます「無慚無愧のこの身」なることを自覚することが出来るのであります。また「無慚無愧のこの身」であるということを自覚するところに、ほんとうの合掌があり、ほんとうの礼拝がある訳であります。故に、内心に向って自覚するということと、他のみ仏に向って礼拝するということと、この二者は別々のものではなく、真個に徹底した仏教信者であるならば、この二者が一つとなって、ますます信仰の琴線《きんせん》に触れることが出来るというものであります。

五　信仰のお話は容易に出来ない

前篇に於て述べました合掌ということも、また今、お話しました念珠ということも、要するに、信仰心がなくては無意味のものであります。しかし、信仰心を求める手段に合掌するとか、念珠を持つとか云えば、それは、ほんとうに合掌や念珠の本来の意味を知らない人であります。合掌や念珠は、そんな安価なものではありません。ほんとうに合掌する人、念珠を持つ人であれば、そこに内面に深い信仰心がなくてはならぬのであります。ただ形だけに、表面だけに敬虔《けいけん》の心を持って、合掌し、念珠を持ったからと云って、それがどうして、ほんとうの信仰心が求められましょうや。

ここに私は、どうしても信仰のお話をしなければならぬこととなったのでありますが、この信仰のお話は容易に出来るものではありません。殊《こと》に、これを実地に体験し、信仰を味わうということは、実にむずかしい問題であります。どうか読者に於かれても、そのおつもりで読んで頂きたいと思うのであります。

第三篇　信仰のお話

何事《なにごと》のおはしますかは知《し》らねども
かたじけなさに涙《なみだ》こぼるゝ

第一章　入信の関門

一　入信の第一条件は切実なる宗教的要求にある

私は、今までに於て、合掌と念珠とのお話を二篇に分けて説明しました。もとより大体の説明であって、委《くわ》しいものではありません。また従って、厳密なる意味に於ける学術的の研究発表でもありません。ただ単に、仏教信者として、最初に心得て置かねばならぬ大切な事柄であると思って、筆を取った訳であります。そして、この合掌と念珠とのお話は、その終極の目的が信仰の問題にあるので、この信仰のお話を致さねば、どうしても物足りないという感じが致しますので、更にここに、第三篇として、最後に信仰のお話をすることに致しました。

もとより、信仰のお話は、実地の問題であります。合掌をする、念珠を持つというようなことは、これは外面的に表われる動作であって、その内面には、ほんとうに心から溢《あふ》れ出る深い深い信仰心を持たなければ、真実のものとは云われないのであります。故に、この信仰のお話は、特に力を入れて、真面目に味わって頂かねばならぬ問題であります。

先ず信仰に入る第一の関門は何でありましょうか。何に依って信仰の殿堂に這入《はい》ることが出来るのでありましょうか。私は、その第一条件としては、どうしても、切実なる宗教的要求が必要であろうと思います。すなわち、我々として必然的に起こって来る宗教的要求でありまして、宗教の必要、信仰しなければならぬという要求が、最初に起こらなければ、信仰の殿堂に詣《まい》られないのであります。

二　社会万般のものは要求なしには起こらぬ

すべてが、要求なしに現われるものはありません。社会万般の事柄は皆、要求があって現われるのであります。我々の智的要求に応じては、あらゆる科学とか哲学とかが発達するのでありま す。また、我々の情的要求に応じては、あらゆる美術とか工芸とかが進歩するのであります。また、あらゆる方面からの要求に応じて、社会万般の設備というものが整頓し、その要求を充たしてくれるのではありませんか。故に、この信仰の殿堂も、先ず第一に宗教的要求が基礎となっているということに注意しなければならぬのであります。ただ徒《いたず》らに、口にだけ、信仰の必要を説いたり、宗教の価値を論じて見ましたところが、実際に心から、ほんとうに衷心《ちゅうしん》から、切実に信仰を要求するのでなくては、真実の信仰心は得られるものではありません。恰《あだ》かも、乳に飢えた幼児が、慈母の乳房を慕うような態度で、どこまでも信仰を求めなければ止まぬという心情が第一に必要であると思うのであります。

三　宗教的要求をなすには先ず自己の運命を感ぜよ

しからば、その宗教的要求と云わるべきものは、いかにして起こるべきものでしょうか。起こせ、起こせと云って見ましたところが、実際に起こすべき必要のないものには起こるべき道理がありません。それを強いて起こせと云うのは、恰かも、病気にならぬものに、病気になれ、病気になれば救ってやると云って勧めるようなものであります。酒の嫌いな、その香《か》を嗅ぐことすら厭《いと》うという下戸《げこ》のものに、酒を要求せよと云って見《み》たところが、それは全く無理な話であって、宗教の価値、信仰の必要を知らないものに、宗教的要求を起こせと云って見たところが、それは畢竟《ひっきょう》、お門違《かどちが》いのお話と云わねばならぬのであります。

故に、ここに宗教的要求を起こせと云う前に、宗教の価値、信仰の必要ということを説かねばならぬことになりました。すなわち、我々お互いは、どうしても信仰しなければならぬもの、宗教は我々人間に取って、是非とも必要なものである。これなくしては、一日として安閑に、その日を送るということが出来ないということを、実際に心から、衷心《ちゅうしん》から知って、切実なる要求を起こすということを、説かねばならぬことになったのであります。

私は思う、真に宗教的要求を起こすということは、先ず、我々お互いが、自己の運命について、徹底的に深く観察するということが必要であろうと信じております。かつて、第一篇の合掌のお話のところで、その最初に「信仰と合掌」と題しまして、我々お互いが、第一に自己というものを実地に感じなければならぬということを申し上げて置きましたが、この実地に感ずるということ、実地に我が心に感ずるということが、何より大切なことであると信じております。

徹底的に自己の運命を感じ、人生の真相を悟ったものならば、どうしても宗教に対する要求を起こさずにはいられないのであります。起こさずに置けと云って見たところが、人生の真相に目《め》醒《ざ》め、自己の運命を徹底的に悟ったものならば、どうしても宗教心は起こさずにはいられないのであります。必ず衷心から、切実なる宗教的要求を起こし、まじめなる信仰心が湧き出ずるものであります。

要するに、世間の多くの人が、宗教的要求を起こさないというのは、まだ真個《しんこ》に自己の運命に目《め》醒《ざ》めぬからであります。まだ人生の真相を知らず、その日その日を無意味に送って行くというに過ぎないからであろうと思います。それがもし、ほんとうに人生の真相を知り、自己の運命を悟ったとしたならば、どうしても信仰の門戸を叩かずにはいられないのであります。宗教の殿堂に詣《いた》らずにはいられないのであります。故に、この切実なる宗教的要求を起こせということは、人生の真相を知り、自己の運命を徹底的に大悟せよということになるので、ほんとうに心から、宗教的要求を起こしている人ならば、最早《もは》や信仰の門戸は自由に開放せられ、空手《くうしゅ》にしてそのまま、宗教の殿堂に詣ることが出来るのであります。もとより信仰の関門と云って、何か一定のところに、牢固《ろうこ》として築き上げられた城門があるという訳のものではありません。決して特別な鍵と云うべきものがあって、それを与えて貰わなければ、通過することが出来ないというようなものではありませんから、ただただ、空手《くうしゅ》にして這入《はい》れば、それで良いのであります。自分自身の立場、その運命、その真相というものを、如実に知ったならば、それが、そのまま、本来の住処であり、殿堂であり、門戸は既に通過しているのであります。何の造作《ぞうさ》もなく、手間取れるものでもありませんが、要は、ただ切実なる宗教的要求、これが欠けては、到底この門戸に這入ることは出来ないのであります。

四　先ず人生の無常なるに目醒めよ

我々は先ず、人生の無常なることを感じなければなりません。人生の無常にして頼《たの》むに足らざるものということを、如実に痛感しなくてはならぬのであります。自分の運命も、哀《あわ》れ果敢《はか》ないものであって、少しも憑《たよ》りになるものではありません。「明日ありと、思ふ心のあだ桜、夜半《よわ》に嵐《あらし》の吹かぬものかは」という歌の如く、何時《いつ》、死の悪魔に襲われるかも知れない身の上であります。

自分の可愛い子供に先き立たれたとか、いとしい夫に死に別れたとか、あるいは自分が九死一生というような大病に罹《かか》ったときとかいう不幸に、眼《ま》のあたり遭遇した人は、そこに人生の無常を知り、この身の頼りとならぬということを痛切に感ずるものであります。いかに平素は、大言《だいげん》壮語《そうご》していても、その身が逆境の嵐に吹かれたときには、どうしても人生を楽観しているという訳には行かないものであります。どうしても、呑気《のんき》なことを云ってはおられないのであります。恰《あだ》かも、自分の頭の上へ、火が落ちて来たようなもので、あわてて、それを払い除《の》けなければなりません。愚図愚図《ぐずぐず》していて、まごついていたならば、それこそ一大事であるのと同じく、逆境の身の上にありながら、出放題なことばかり云ってはおられないのであります。どうしても、そこに自己の真面目《まじめ》を観察して、人生の無常を知り、自己の無力を悟って、遂《つい》に宗教的要求が起こるということになるのであります。

先ず、この世間に生れて来て、一度も不幸に遭《あ》わぬという人は、無いと云って良ろしかろう。必ず、大なり小なり、その身に不幸の振りかからぬという人はなく、あるいは親子、兄弟の上に於て、あるいは、隣人の不幸を見てでも、この人生の無常を悟らねばならぬのであります。況《いわ》んや、その身が不幸のどん底にありながら、妻に死に別れ、子に先き立たれ、しかも、その身は病身の上に不幸を受けながら、なお人生の無常に目醒《めざ》めず、自分自身の運命に対して、徹底的に覚《かく》醒《せい》が出来ないというのは、これ畢竟《ひっきょう》、その人の無明《むみょう》の致《いた》すところ、無明長夜《むみょうじょうや》の睡《ねむ》りから、まだ覚めることの出来ない人と云わねばならぬので、どうして信仰の関門を突破することが出来ましょうや。

人間には此の無明というものほど、度しにくいものはないのであります。いかに如来が善巧方《ぜんぎょうほう》便《べん》の手を垂れて、手を換え、品を換え、百方、手を尽して、遣瀬《やるせ》ない大悲の親心を加えられても、無明煩悩のために、振り向きもせず、ただ齷齪《あくせく》として浮世のことのみに眼を注ぎ、陽炎《かげろう》の如き哀れ果敢《はか》ないものばかりに執着して、更に、浮世の真相を知らず、自己の運命を反省せず、鈍犬《どんけん》の、投げし毱《まり》を追うが如くに、あちらに走り、こちらに走り、走り抜いて、その投げたる手元を少しも顧みないというに至っては、まことに浅間しいことと云わねばならぬのであります。

五　人生の逆境こそ入信の好因縁である

駿馬《しゅんめ》と云わるべきものは、鞭影《べんえい》を見なくても、直ちに走り出すということであります。たとえ、鞭影《べんえい》を見て走り出すという良馬にならずとも、鞭《むち》を加えられれば、直ちに走り出すという普通の馬位《ぐらい》にはならなくてはなりません。いかに鞭を加えられ、「それ行け」「それ走れ」と手綱《たづな》を以って引っ張り出されても、まだ馳け出さぬというような駑馬《どば》では、どうしても致し方がありません。

その身が幸福であり、四囲の総べてが順境である時には、とても人生の真相を知り、自己の運命を悟るということは出来ないものであります。また浮世の平常時に於ても、その多くが日常の生活に追われつつ、つい人生の真相を考えるだけの余裕を持たぬものであります。しかるに、浮世の不幸に出遭い、何一つ思うようにならぬ時、すべてが悲観すべき逆境に立った時こそ、実に宗教心に目醒《めざ》めるべき時期であります。心から、ほんとうに人生の真相を悟るべき好時期《こうじき》であります。あたら、この信仰の関門を突破すべき好《こう》因縁を無駄に過ごすようなことでは、それこそ駑馬《どば》に等しきものであって、善知識の警鐘鞭打《べんだ》にも振り向きもせず、「それ観ぜよ」「それ信ぜよ」と、み仏の遣瀬《やるせ》ない大悲の親心にも気が付かず、あらゆる善巧方便《ぜんぎょうほうべん》にも済度されることの出来ない鈍漢《どんかん》であると云わねばならぬではありませんか。

第二章　仏教と厭世

一　厭世は入信の第一歩のみ

人生の無常ということは、今更、私が云うまでもなく、百も承知、千も合点《がてん》せられていることでありましょう。しかし、それが徹底的に知られているでありましょうか。心から、ほんとうに目醒《めざ》めているでありましょうか。ただただ口先きだけであって、真底より人生の無常を大悟《たいご》したという人は、先ず少ないものであろうと思います。もし夫れ、真個に人生の無常を悟り、心の隅《す》み隅みまで、しみ渡っているとしたならば、そこに必然的に、宗教的要求というものを起こし、信仰の門戸を叩いて、絶対無限の御仏に帰命し、安慰の境地を求めずにはいられないのであります。

故に、どうしても信仰の門戸を叩こうとするには、是非とも、この人生の無常ということを如実に知らなければならぬのであります。すなわち、入信の第一歩は、この世を厭《いと》うことでありす、悲観することであります。何一つ、自分の思うようにならぬということを悲観することであります。それには逆境の人ほど、却って幸福と云われるべき位置にあるので、逆境の恩寵《おんちょう》ということも、しみじみと味わわれ得るのであります。

二　仏教は厭世教ではない

世に、仏教を以って厭世教《えんせいきょう》であると云って、非難する人もありますが、それは入信の第一歩を見て、非難するだけのことであって、真に仏教を理解する人の言葉ではありません。仏教は、この厭世を転じて、大いにこの世を愛する、真底より、この人生の妙味を体験すると云うにあるので、厭世教などと非難するのは、それは皮相《ひそう》のみを見るものの言葉で、真に仏教の本義を知るものの言葉ではありません。この人生を無常と見、この人身を無力と悟って、この娑婆世界は不浄汚穢《おえ》のものであるから、早く出離解脱《げだつ》せよと勧めているけれども、その実義に至っては、それと同時に、この人生は常住なり、この人身は、仏身と毫《ごう》も相違せず、この娑婆世界がそのまま、如《によ》意自在《いじざい》の極楽浄土《ごくらくじょうど》である、密厳《みつごん》世界である、この身を捨てて、他に仏身があるのではなく、この世を捨てて、他に極楽浄土があるのではないと教えるので、一切を否定すると同時に、一切を肯定するという仏教の本義を知らねばならぬのであります。

わが大聖、釈迦牟尼《しゃかむに》如来《にょらい》の御一代は、実に、わが仏教の尊き源泉となっているということは、今更申すまでもないことでありますが、その釈尊の入道の第一歩が、そもそも厭世《えんせい》であったのであります。しかし、その厭世で終始一貫されたかと云うと、決して、そうではありませんでした。すなわち、大なる厭世より入道し、直ちに無上菩提《むじょうぼだい》の理想境を実現せられて、その理想境を我等にお示しになったものが、この仏教の尊き源泉となったものであると思うのであります。故に、先ず釈尊の入道の第一歩から申し上げることに致しましょう。

三　釈尊はいかにして入道せられたか

釈尊のその身は、実に王位の尊きに生れ、栄華享楽《えいがきょうらく》の宮中に育てられて成人し、艶麗花《えんれいはな》の如き王妃を迎え、しかも最愛の一子まであるその境遇に、何の不足不満がありましょうや。実に人生、これより幸福なことは又とないという御身《おんみ》でありながら、なにゆえに出家入道せられたのでありましょうか。なにゆえに此の世を厭い、此の世を遁《のが》れ玉うたのでありましょうか。

これが真に人生の無常を悟り、自己の無力を徹底的に大悟せられた結果であります。未だ鞭影《べんえい》を見ずして、直ちに信仰の関門に突入せられた駿馬《しゅんめ》の行動と云うべきものと思うのであります。

釈尊の鋭い智眼《ちがん》には、この人生の順境が、そのまま、逆境となるべき半面のあることを良く洞察せられ、生の半面に死を見、盛りの半面に衰を見、楽の半面に苦を知り抜かれたのであります。

すなわち、釈尊の聡明叡智《そうめいえいち》は、良く物の表裏を達観せられたのであります。楽しいと思って耽《ふけ》った歓楽は、必ず破壊さるべき悲哀《ひあい》が続いて出て来るので、真の歓楽ではありません。「歓楽極まって哀情多し」という名句は、実に千古《こ》の格言であります。甘しと思って嘗《な》めているものは、真の蜜ではなく、嘗《な》める度《たび》に舌が切れるという刀上の蜜に過ぎぬのであります。故に釈尊は、この順境の身の上に即して逆境を知り、生に即して死の影を観《み》、若くて、華やかな姿の中に、老衰敗《ろうすいはい》残《ざん》の惨《いた》ましい姿を観られたので、これが真に人生の無常を大悟し、「三界無《がいむ》安《あん》、なおし火《か》宅《たく》の如し」と絶叫《ぜっきょう》せられたところで、ほんとうに、心から宗教的要求に目醒められた態度と拝するのであります。

四　釈尊の出家入道せられた因縁に三種あり

今更、私が釈尊の御伝記を申し上げるまでもありませんが、兎《と》に角《かく》、釈尊は御幼少の時から厭《えん》世《せい》の御思想があったものでありましょう。それがしかも、御面貌《ごめんぼう》の上にも明らかに顕われていたものでありましょう。既にその当時の人相学者と云われている阿私陀《あしだ》仙人（Asita）が、釈尊の御誕生を御祝い申して、その御相好《そうこう》を拝し、御父君浄飯《じょうぼん》大王（Suddodana）に向って、釈尊の出家入道せられることを予言したということであります。故に、釈尊の御幼少の折りより、出家入道せられる已前《いぜん》までの御動作が、尽《ことごと》く一時的の快楽を望んで見えなかったように思われます。雲を摑《つか》むような浮世の万般、夢の如き、幻《まぼろし》の如き、根底の薄弱な人間生活を厭《いと》って見えたものに相違なかったのであります。

ところで、御心配なのは御父君でありました。何とかして釈尊の御性質を一変させようとして、種々なる娯楽を与えなされたのでありますが、しかし、その天賦《てんぷ》の御性質を翻《ひるが》えすという訳には行かなかったのであります。常に憂鬱《ゆううつ》に沈み、深き瞑想《めいそう》に耽《ふけ》っておられるので、兎《と》に角《かく》、その慰《い》安者《あんしゃ》としては、もっとも適当な耶輸陀羅姫《やゆたらひめ》（Yaśodhara）を娶《めと》って、寒《かん》、暑《しょ》、雨《う》の三時殿《じでん》を新築し、そこに新婚《しんこん》の娯《たの》しみを与えなされたのであります。

この耶輸陀羅姫《やゆたらひめ》と申すお方は、釈尊の従妹《いとこ》にあたらせられるので、才色兼備《さいしょくけんび》、一点の非難さえ加えることの出来ない賢夫人であったがために、良く釈尊を理解し、また釈尊も非常に耶輸陀羅《やゆたら》姫《ひめ》の親切を有り難く思い、琴瑟相和《きんひつあいわ》し、鴛鴦相楽《えんおうあいたの》しむとでも申しましょうか、御結婚後十年の御生活も、夢の間に過ぎ去ってしまったのであります。

しかし、釈尊には既に一子羅睺羅《らごら》（Rāhula）を設け、これを以って王位を継がしめ、御自身には出家入道の 志《こころざし》 を堅く定め玉うたのでありますが、これについての動機としては、常に三種の因縁を挙げております。すなわち、その第一としましては「**樹下《じゅげ》の静観《せいかん》**」、その第二としましては「四種《しゅ》の変現《へんげん》」、その第三としましては「采女《さいじょ》の熟眠《じゅくみん》」とでありますが、これらは共に、この人生の無常なることを、心から痛感せられた結果に外ならぬのであります。

五　樹下の静観

先ず「樹下《じゅげ》の静観《せいかん》」というのは、釈尊が御幼少の時、独《ひと》り閻浮樹《えんぶじゅ》の下《もと》に在って、深くこの世間の無常なることを観じ、瞑想静思せられたというのであります。すなわち、御経文の伝えるところに依りますと、城内の習慣としまして、毎年の定まった日に「親耕式《しんこうしき》」というものが行われておりました。この「親耕式《しんこうしき》」というのは、王宮所属の農場がありまして、その農場へ城主自から が多くの重臣を従えて臨《のぞ》み、鋤鍬《すきくわ》を執って耕作する儀式であります。その儀式のあった日に、釈尊は、独《ひと》り閻浮樹下の涼陰《りょういん》に休んで、いたく農民の労苦を思い、しかも日夕《にっせき》に営々として耕して も、その労苦に酬いられて来るものは、僅《わず》かに自己の生活を充《み》たすというに過ぎぬのであります。しかもその生活は、全く不安定なものでありまして、いつ何時、無常の嵐に誘われるかも知れないという有様を深く観じ、且《か》つ樹下の間に鳴く蟬の声も、非常にけたたましい声で鳴いてはおりますけれども、その寿命は僅かに七日を出でないという哀れさであります。しかもその七日の寿命の間には、あるいは鳥のために食われるかも知れません。あるいは蜘蛛《くも》の巣にかかって果てなければならぬかも知れませんというので、洵《まこ》とに弱いものを食《く》おうとして、常に強いものは、その隙《すき》を狙《ねら》っておるのであります。一刻の油断も出来ないというのは、この人生の状態であるということに驚き、ここに釈尊の胸の奥底には、深い無常観というものが、刻《きざ》み付けられたというのであります。

六　四種の変現

次ぎに「四種《しゆ》の変現《へんげん》」というのは、これは天上界の浄居仏《じようこぶつ》というお方が、釈尊をして出家入道せしめんとして、四種にその身を変現《へんげん》し、人生の無常なることを観ぜしめようとせられたことであります。すなわち、釈尊が東西南北の四門へ出遊《しゆつゆう》せられる時、ある時は、天の浄居仏が非常に哀れな老人の姿となり、ある時は瘦《や》せ衰《おとろ》えた病人の姿となり、ある時は葬式の一群となって顕われたので、釈尊はそれを見る度《たび》ごとに、「ああ世間に此の大苦あり、いかんぞ人みな思わずして、猥《みだ》りに軽浮《けいふ》を事とするや」と慨《なげ》かれ、ますます人生の無常を痛感し、出家入道の志《こころざし》を堅められたというのであります。しかして最後に、天の浄居仏は一人の清浄なる比丘僧《びくそう》となって変現し、釈尊に出家の功徳を説き、一日も早く捨宮《しやぐう》出家し玉えと勧めたということであります。

七　釆女の熟眠

次ぎに「釆女《さいじょ》の熟眠《じゅくみん》」というのは、歌舞《かぶ》音曲《おんぎょく》を奏《そう》する釆女が熟眠の醜態《しゅうたい》を現わしているのを見て、釈尊が非常に厭世心《えんせいしん》を起こされたというのであります。すなわち、釈尊の御性質を一変させようとして、種々なる娯楽を与え、その上に一流の釆女を宮中に招いて、大いに歌舞音曲を奏せしめようとせられたのでありますが、釈尊はもとより歌舞音曲を好まれぬのでありますから、知らず知らずの間に寝てしまわれるのであります。すると、多くの釆女もまた、その場に楽器を捨てて、三三五五に寝てしまったというのでありますが、夜半に、釈尊は独《ひと》り目を覚まし、四辺《へん》を御覧になって見ますと、今まで美容を誇っていた、さしもの釆女も、その熟眠《じゅくみん》の醜態と云えば、実にふた目と見られぬ、呆《あき》れ果《は》てた姿に、釈尊は、ますます無常観を起こし、厭世心《えんせいしん》を増さしめたというのであります。

かくの如くに、釈尊の出家入道の動機は、一に人生の無常を痛感せられた結果でありました。王位の栄誉を捨て、妻子の愛情をも顧みず、只管《ひたすら》、清僧となって学道修行の志《こころざし》を立てようとせられたのも、この人生の苦界なるに驚き、「安楽の境に到るべき妙法はなきものか」という宗教的一大要求のもとに決行せられたものではありませんか。

第三章　信仰の径路

一　無常迅速

世の多くの人よ、先ず信仰の門戸を叩こうとするならば、第一に釈尊の示された如く人生の無常ということを如実に痛感しなければならぬのであります。この世は、実に無常迅速《むじょうじんそく》の世の中であります。自己の運命は死、いずれは死の悪魔に襲われなければならぬものであります。

孔子《こうし》聖人《せいじん》も「逝《ゆ》くものはそれ水の如きか、昼夜を舎《す》てず」と申されておりますが、全く我々お互《たが》いは、水の流れる通りに、昼夜を分たず、死の方へ死の方へと近づいて行くのであります。いかに死を厭《いと》い、生を願っても、刻々《こくこく》と迫って来るものは、死の運命であります。我々は日常、生きんがために働き、喰い、睡るのでありますけれども、死という大敵《だいてき》は、我々の眼前に、いかなる場合をも構わず、その毒手《どくしゅ》を下すのでありまして、人生そもそも生きんがために働くのか、死せんがために働くのか、結局は働いても、食っても、睡っても死という大敵の前には降伏《ごうぶく》して、終《つい》には白骨《はくこつ》という運命に遭《あ》わなければならぬものであります。蓮如《れんにょ》上人も、この人生の無常を説

いて、

すでに無常の風来たりぬれば、すなわち二つの眼《まなこ》忽《たちま》ちに閉じ、一つの息永くたえぬれば、紅顔むなしく変じて、桃李《とうり》のよそおいを失いぬる時は、六親眷属《しんけんぞく》集まりてなげきかなしめども、更にその甲斐《かい》あるべからず。さてしもあるべきことならねばとて、野外《やがい》におくりて夜半の烟《けむり》となしはてぬれば、ただ白骨のみぞのこれり。

と申しておりますが、実に天下の名文ではありませんか。

二　人生の無常なる譬喩

観じ来たれば、まことに人生は無常なものであります。釈尊もお経文の中に人生の無常ということを巧《たく》みに喩えて、御説法になっております。そのお喩えの主意《しゅい》をザッと申しますならば、先ず一人の旅人が広漠《こうばく》たる野原を旅行していた時、不意に恐ろしい猛虎《もうこ》が前に顕《あら》われたので、進むに進まれず、いずれへか遁《の》がれてその危難《きなん》を免《まぬが》れようとしたのでありますが、何を云っても見渡す限り、広い野原のことであるから隠《かく》れる場処《ばしょ》もなし、幸い傍《かたわ》らに古井戸のあるのに気が付いて、これは天の与えと早速《さっそく》その中に隠れ、一条の藤蔓《ふじづる》に取りすがって一時の危難を免れようとすると、恐ろしいことには、井戸の下から一匹の大きな毒蛇が、赤い舌を出しては、旅人の堕《お》ちるのを待っていると云う様子であるし、また上を見れば早や猛虎《もうこ》がのぞき込んで、旅人の隙《すき》を窺《うかが》っているという有様で、もう身体は此処《ここ》に谷《きわ》まってしまったと思っておりますと、またその上に悲しいことには、自分がただ一つの頼《たの》みとしている藤蔓を、黒白二頭の小《こ》鼠《ねずみ》が出て来て代る代《かわ》るにその根元を噛《か》じるというので、晩《おそ》かれ早かれ、墜落《ついらく》の運命は定まって、哀れ毒蛇の餌食《えじき》とならなければならぬというのであります。そこへ不思議なことには、二三の蜜蜂が飛んで来て、甘い蜜を少しずつ舐《ね》ぶらせてくれるので、旅人はその恐ろしい危機一髪《ぱっ》の境界を打ち忘れ、ただその蜜を舐《ね》ぶるということに心を奪《うば》われ、その身を一条の藤蔓に托《たく》しているというお喩えであります。

三　宗教的要求を起こすものの必然的径路

このお喩えを良く考えて見ますと、いかにも此の人生の無常なる有様を、巧《たく》みに写したものではありませんか。何れは死の毒手にかかって相果《あいは》てなければならぬ身の上であります。黒白二頭の小鼠《こねずみ》が藤蔓を噛《か》じり尽して、昼夜の交代が窮《きわ》まる時、無常の毒蛇のために呑まれてしまうのであります。これが人生の真相でありまして、生きとし生けるものの皆等しく受ける運命でありますが、しかしそれをそれとも思わず、ただ少しずつの蜜を舐《ね》ぶることに吸《きゅう》々として、その身の無常なることを忘れているのであります。男は富貴や妻子の蜜のために心を奪われて、人生の真相を顧みぬのであります。女は美服《びふく》や愛児のために心を奪われて、人生の無常なることを悟らぬのであります。いかに如来善知識の訓誡《くんかい》を聞いても、それは「馬の耳に風」で、少しも耳に徹せぬのであります。恩愛や貪欲《とんよく》の蜜のために、信仰の門戸は堅く鎖《とざ》されて、如来大悲のお光りは、少しも導き入れることが出来ないのであります。猛虎《もうこ》という恐ろしい迫害《はくがい》も忘れ、毒蛇という悲しい運命をも気が付かず、ただ眼前の小利小慾《しょうりしょうよく》に満足して、朝な夕なにセッセと光陰《こういん》を送るというのが、我々お互いの現実的生活の状態ではありませんか。

この人生の真相を真面目に考えなければなりません。人生の無常、自己の運命、これを如実に観察しないことには、信仰の門戸を開くことは出来ません、如来大悲のお光りを受け入れることは出来ないのであります。

人生の無常を知り、自己の運命の哀れ果敢《はか》ないものであるということを、如実に悟《さと》った人は、そこに宗教的要求を起こし、是非とも安心《あんじん》の楽処《らくしょ》を得たいと欣求《ごんぐ》するものであります。世間の比較的低級な宗教、宗教とまで云われない迷信にまでも取り縋《すが》って、少しでも慰安の道を求めたいと願い、あちらに迷い、こちらに迷い、迷い抜いては、いわゆる煩悶《はんもん》の時期を続けるものであります。すなわち、山路から深き谷底へ辷《すべ》り落ちたとしたならば、誰でも無意識的に助かろうと願い求め、たとえ一本の草でも、一筋《ひとすじ》の蔓《つる》でも、兎《と》に角《かく》、手当り次第に、つかんで、その身を支えようとするようなものであります。そして、その草や蔓が、自分の身を支えてくれるに充分の力があるか、ないかというようなことを考えている余裕はないので、ただただ助かりたいという要求が、その身の全意識を支配して、「溺《おぼ》れるものは藁《わら》をもつかむ」というが如き態度で、草一本でも、藁一筋でも、つかむのであります。このように、実際に、人生の無常に目醒《めざ》め、如来大悲のお光りを受け入れようとするものには、心の奥底からして、宗教的要求を起こすのが必然の径路《けいろ》であって、別に不審なことではないのであります。

しかし、一本の草や、一筋の蔓の如きものでは、とても、その身を支えることは出来ないのでありますから、更に力強いものを要求して、最後の救いを求めるのと同じく、低級な宗教では、永久に、その人の要求を充《み》たすことは出来ないのであります。ただ一時的の安慰は得られるにしても、決して常住不変の安心立命《あんじんりゅうみょう》の境地に達し得られるものではありません。ここに、しっかりと、その身を支え、その身の危難を根底から救って下さる如来大悲のお光りは、いかにして拝み得ることが出来るでありましょうか。すなわち、入信の体験を、ここで説かねばならぬこととなったのであります。

四　入信の体験

入信の体験と云うと、実に大袈裟《おおげさ》の問題のように思われますけれど、その実は何でもないことであって、ただ如来大悲のお光りを拝むというより外はないのであります。このように切実なる宗教的要求を願う人には、もはや、信仰の関門は鎖《と》ざされていないのであります。既に開放されております。従って鍵の必要もありません。ただ、そのまま、空手にして宗教の殿堂に詣《いた》り、心の奥底から、ほんとうに、御仏を拝むことが出来るのであります。

要するに、今まで信仰の関門を鎖ざされていたのは、その人の邪見《じゃけん》迷執《めいしゅう》であったのであります。ただただ眼前の物質慾のみに駆《か》り立てられて、我慢の角《つの》を振り廻わし、広大無辺の御仏の御本願が分らなかったのであります。御仏に向って縋《すが》る気になれなかったのであります。跪《ひざまず》き、ぬかずき、手を合わせて、ほんとうに心の奥底から拝む気になれなかったのでありますが、しかし、今、邪見迷執の烟霧《えんむ》を打ち払って、活眼《かつがん》を以って天地人生の真相を観破し、真に人生は無常なり、苦なり、空なり、無我なりと体験したところ、そこには、どうしても、霊界の門戸を潜《くぐ》らずにはいられないのであります。そして、信仰の鍵は既に与えられずして、しかも受け、安心の妙処《みょうじょ》はそのまま、処を代《か》えずして、しかも詣《いた》り達することが出来得たのであります。

故に、信仰の門戸に入るには、この人生の無常なること、苦なること、空なること、無我なることを、真実に体験することが肝要で、これが直ちに、宇宙の真理を知り、人生の真相を悟り、自己の運命を大悟したことになるので、ここに至って、始めて合掌の出来る人となり、真に御仏の前に立って、御仏のお心をほんとうに知り、心から随喜《ずいき》渇仰《かつごう》することが出来る人となるのであります。

第四章　人生の真相

一　人生の真相は無常なり

人生の真相を悟るところ、それが直ちに信仰の門に入ったことであります。故に信仰の門に入るには、是非とも人生の真相を悟らねばならぬのであります。

人生の真相ということは、前にも申しました通り、この人生の無常、苦、空、無我の真理なることを云うのであります。そして私は、前に、この人生の無常なることを説きつくしましたから、今、ここで改めて申す必要もありません。故に之を略して、ただこの人生は苦である、空である、無我であるということを述べて、この人生の真相を説き、宇宙の真理を考えて見たいと思うのであります。

二　人生の真相は苦なり

先ず人生は苦であるということから申しましょう。この仏教では、苦の説明に多くは四苦、八苦ということを申しております。**四苦**とは、**生**《しょう》、**老**《ろう》、**病**《びょう》、**死**《し》の四苦であります。**八苦**というのは、この四苦の外に、更に**愛別離苦**《あいべつりく》、**怨憎会苦**《おんぞうえく》、**求不得苦**《ぐふとくく》、**五陰盛苦**《おんじょうく》の四苦を加えるのでありますが、これらの説明は、大抵の仏教信者であるならば、心得ておられることでありましょう。母の胎内より生れ出ずる苦しみ、老人になって、何一つ自由のかなわぬようになった苦しみ、病気になった時の苦しみ、死ぬ断末魔《だんまつま》の非常な苦しみ、愛するものとても、いつかは別れなければならぬという苦しみ、いかに憎い仲でも、因縁とあるからには、どうしても共に暮さねばならぬという苦しみ、いかに求めても、それが思うように得られぬという苦しみ、我々五陰《おん》の身心が、余りに血気盛んなるがために、受ける苦しみと云って、先ず此の世の中の総べてが、苦ならざるものはないと感ずることであります。故に、此の世界を苦の世界と云い、三界の迷界は苦果なりと云われておるのであります。

しかしなお、この苦の説明には、いろいろの方面から、委《くわ》しく説明されておりますが、私は、その一々について申し上げることを略し、ただ簡単に三苦の説明だけを致して置きましょう。三苦は苦の説明の中に於ても、もっとも根本的なもので、苦の説明としては、実に至れり尽《つく》せりであります。故に今は、更に重複するかの如く思われるけれども、この三苦の説明を加えることに致しましょう。

三苦というのは、苦苦《くく》と、壊苦《えく》と、行苦《ぎょうく》とであります。苦苦ということは、苦しいという苦しみ、この人生に於て、あらゆる不幸に出遭ったという苦しみでありまして、親に別れたとか、妻に先き立たれたとか、いとしい夫と別れたとか、あるいはその身が病気になったとか、不時災難に出遭ったとかいう実際の苦しみを云うのでありますから、前に述べました四苦も、八苦も、みなことごとく、この苦苦の中に入れて見ても良ろしいのであります。

次ぎに壊苦というのは、破壊《はかい》される苦しみということであります。すなわち、世間で云う楽しみということは、いつまでも続くものではありません、必ず破壊されてしまうもので、その反面には苦しみというものを持っておる楽しみであります。故に世間で云う楽しみは、決して真実の楽しみではありません。壊苦であります。楽しいというのは、表面だけのことで、すぐに裏が来るのであります。楽しい楽しいと思う間は、ほんの束の間《つかのま》であって、直ちに破壊されて行くものであります。嫁を迎えたというめでたい半面には、いつかは家庭が面白く行かず、それが、たとえ面白く行っても、いつかは別れるもの、離れるものという苦しみが附随しておるのであります。また子が生れた、実にめでたいと云うてはおりますが、すぐ病気の心配もしなければならず、またいつかは死ぬという半面の苦しみが、生れると同時に附随しているのであります。何万円、何百万円の財産を求め得たとして、大いに喜び祝う半面には、必ず、それを失うまいという苦しみがあり、更に殖《ふ》やしたいという苦しみが倍加して来るもので、楽しいということは、結局苦しいということになるのであります。すなわち、生に即して死あり、盛りの花に即して粛殺《しゅくさつ》の秋があり、肉の嬌楽《きょうらく》に続くに疲労倦怠《ひろうけんたい》があるので、畢竟《ひっきょう》、歓楽の境を追うものは、却って苦悩の始めであるということになるのであります。

次ぎに行苦というのは、この天地間の事々物々が、遷り変るという苦しみでありますから、これは前に申しました人生の無常という苦しみであります。何時までも春は続かないので、いつしか夏となり、秋と遷り変るが如く、我々も、だんだんと年を取って、青年より老年に及ぶということを申したものであります。

かくの如く、人生は苦なものであります。世間で苦しいという逆境の時の苦しみ、世間で楽しいと云って、順境を喜ぶけれども、それが永続しないという苦しみ、世間の万事が、時々刻々と、常に千変万化して、遷り変って行くという苦しみの三苦に纏《まと》めて見ることが出来るのでありますが、要するに、この娑婆は苦の世界であります。常に苦が連続して、大なり小なり、いかなる人にも、いかなる時にも、附き纏《まと》って、決して離れないという事実を云ったものであります。

三　人生の真相は空なり

次ぎに、この人生は空の世界であります。何一つ、これと云って、堅実なものがあるのではありません。実に夢幻空華《むげんくうげ》に等しいものであります。我々の身体は、多くの因縁に依って、仮《か》りに和合しておるだけのことであって、因縁が尽きれば、悉《ことごと》く離散してしまうものであります。その他、富貴であれ、名誉であれ、権勢《けんせい》であれ、みな、それがあるように思われて、それを望み、それを求め、それに依って、常に自分の一生を鼓舞《こぶ》してくれていたものでありますが、しかし、それは終《つい》に空なものであります。陽炎《かげろう》の如きものに過ぎぬのであります。

早い話が、我々は富貴のため、名誉のため、権勢のため、青春の血燃ゆる時代に於て、恰《あだ》かも炎天に冬の糧を運ぶ蟻《あり》のように、日夕《にっせき》に営々として労作し、漸《ようや》くにして積み上げた、その財産も、名誉も、権勢も、竟《つい》には自分のものとはならぬのであります。死ぬ時には、生涯働いたという事しか残らないので、金銀財宝も、自分の身には随って行かないのであります。ただただ黒く横たわる怖るべき暗黒と、生涯犯した罪悪の自責とのみで、最後は悲しい、甲斐《かい》なき死出《しで》の旅路《たびじ》を続けるより外に道はないのであります。

四　人生の真相は無我なり

次ぎに無我ということも、同じことであります。いつまでも「おれがおれが」と云っておれるものではありません。「おれが」と云っておれる時代は、ごく短かい時代であって、しかも、その時代も、総べてが自分の思う通りになるものではありません。人生意の如くなるものは、恐らく何物もありますまい。いかなる人も、いかなる時にも、総べてが思う通りになるものではありません。これが実際の人生であり、人生の真相であると思うのであります。

この人生の真相、すなわち、無常、苦、空、無我の真理を、実の如くに知ったならば、それで充分に仏教の信仰に入った人と云い得るのであります。ただ表面だけの理窟を知るというのではなく、実際に心から、人生は無常である、苦である、空である、無我であるということを悟ったならば、それが、そのまま、信仰の門戸を潜《く》ぐり、安心立命《あんじんりゅうみょう》という宗教の妙処に詣《いた》り達することが出来るのであります。

しかし、ここに私は云わねばならぬことがあります。それは、なにゆえに、人生の真相を知ったものが、信仰の門に入れるかということであります。人生は無常、苦、空、無我であって、真に悲観すべきどん底であります。一法として認めない否定の極地でありながら、なにゆえに楽観すべき宗教の妙処で、肯定すべき立脚地となるものでありましょうか。すなわち、今までは極端に厭世《えんせい》的思想を説いたのでありますが、これは決して仏教の本義とするところではありません。これは仏教入信の一大関門として説いたまでで、これから説こうとする自由自在の妙処、これが真に仏教の根本義とするところであります。

五　真空と妙有との略解

かく云えば、また考えられるでありましょう。今まで説いたことは虚偽《きょぎ》であって、これからが真実の説明であると直解せられるかも知れませんが、決して、そういう意味で申したのではありません。今まで説明したことも真実であり、これから説明することも真実でありますが、ただ相対差別して、いよいよ言葉を借《か》って説明するとせば、勢い、今までは悲観の立場、これからは楽観の立場、今までは否定の説明、これからは肯定の説明であります。更に言葉を換えて申しますならば、今までは真空《しんくう》に入らんとして説き、これから妙有《みょうう》に出《い》でんとして説明するのであります。しかも、この真空と妙有とは別物ではありません。真空にして妙有、妙有にして真空、真空と云えば妙有はその中にあり、妙有と云えば真空はその中にあるので、両者を引き離す訳には行かぬのでありますが、もし真空を真実とすれば、妙有はその方便となり、妙有を真実とすれば、真空はその方便となるので、両者は同時に両立しない空と有との二方面でありますが、しかし真理は、これを両立させて、自由自在の妙処となるので、これが説明には重々の深義があるのであります。更に、別に章を改めて申すことに致しましょう。

第五章　真空と妙有

一　真空に対する説明

私は、このところで、余りむずかしい教理のお話は避《さ》けたいと思っておりましたが、しかし、今は是非とも、真空《しんくう》と妙有《みょうう》との関係を説かねばならぬことになりました。なるべく平易に説くつもりでありますが、ただ、これに依って、少しでも仏教というものの教理を味わって頂けば幸いであります。

先ず真空ということは、文字の如く真実に空であります。一法をも認めない否定の極地であります。故に、いかなるものも空でありますから、もとより妄想煩悩のあろう道理もありません。この人生も空に結帰《けっき》します。無常であり、苦であり、空であり、無我であって、一法として真に頼《たの》むに足るものはありません。また我々自身にしましても、虚仮不実《こけふじつ》のものでありまして、憑《たよ》りとして、当てになるものではありません。かくすれば、この天地宇宙の間に於て、全然自分の立脚地を失った立場が真空であります。

二　他力浄土門より真空を説く

これを他方浄土門《たりきじょうどもん》の方から眺めまするると、我々お互いの住んでいる此の世の中は、実に泡沫夢幻《ほうまつむげん》に等しきものであります。また我々自身も電光朝露《でんこうちょうろ》の如く、あさはかな身の上であります。しかも此の身は、過去無量劫《むりょうこう》の已前《いぜん》から、種々に造りと造る罪悪業報《ごつぽう》の果体《かたい》であって、実に罪深きいたずらものであります。いかなる三世の諸仏も、我々罪悪生死《ざいあくしょうじ》の凡夫には、手を焼いておられるので、しょせん、助かる見込みのない罪業深重の 輩《ともがら》 であると自覚したところが、真空の極地であります。すなわち、自分の身の立脚地として、立つ瀬が全然なくなったところであります。

三　自力聖道門より真空を説く

これを自力聖道門《じりきしょうどうもん》から説明しますと、もとより無常迅速《むじょうじんそく》なることを痛感するのは前と同じく、寸陰《すんいん》を惜しんで、自力更生することであります。すなわち、自分の力のあらん限りを竭《つく》し、諸仏諸菩薩を始め、諸天善神《しょてんぜんじん》の照鑑冥加《しょうかんみょうが》を蒙《こうむ》って、真剣に勇猛精進《ゆみょうしょうじん》するのであります。血滴々《けってきてき》となって、幾度となく精錬奮闘《せいれんふんとう》を続け、死地に入りて活路を開き、活路を開いては、また死地に陥《おとしい》れ、真に大死一番底《ばんてい》の妙処を体験発得《ほっとく》したところを云うのであります。ここには是非善悪《ぜひぜんなく》、迷悟染浄《めいごぜんじょう》のあらゆる相対差別の境地を脱出して、微塵《みじん》だも、是と認め、悟と取るべきところがなくなったので、これを真空と申しているのであります。

四　真空の妙処は説くべからず

かくの如く、他力浄土門からも、自力聖道門からも、真空の妙処極地を説明しましたが、しかし、これは説明に過ぎませぬので、実際のところはその人その人の体験の世界でありまして、口に言い、筆に書き顕《あら》わすことの出来ないところであります。ただ各宗各派、いろいろの言葉で以って、このところを説明するだけのことで、ここに到り達するには、容易なことではありません。これを仏教の教義では、自証の極位と云い、真空無相《しんくうむそう》のところと云い、あるいは見性悟道《けんしょうごどう》のところとも、あるいは安心立命《あんじんりゅうみょう》のところとも、あるいは無住為本《むじゅういほん》のところとも、あるいは無念とも、無心とも、無事底《ぶじてい》のところとも申しております。これは言葉の相違のみであって、真実のところは一つであります。決して種々に妙処が別かれているものではありません。ただその人その人が自分自身に、この境地を味わって冷暖自知するより外に道はありません。

総べて、世間万般のこと、その極地は、口で以って云い顕わすことが出来ません。また筆を以って書き顕わすことも出来ません。いわゆる言説《ごんぜつ》の相を離れ、文字の相を離れ、心念の相を離れておると申すべきであります。

先ず、手近い話でありますが、水の甘いということも、いかに説明しましても、その真実を云い顕わすことは出来ません。面山《めんざん》和尚の歌に、「一口に呑《の》みたる水の味わひを、問ふ人あらばいかが答へむ」というのがありますが、実際に真理の極地を平易に云い顕わしたものであります。いかに「甘露の水」と云って形容して見ましたところが、決して、水の味わいは説明されておりません。ただただ、その人自身が、非常に水に渇《かつ》していた時、一杯の水を貰って呑《の》んだその味わいに於て、始めて「なるほど、これが甘露の水である」ということが解るだけのことであります。

これと同じく、百姓でも、大工でも、商法でも、それぞれの仕事の上に、急所急所があります。その急所とか、コツとかいうものは、やはり、その人自身が多年の経験を積んで、始めてなるほどと味わうより外に道はないのであります。他の人から教えて貰ったことは、決して自分のものにはならぬので、自分自身のものは、自分自身に悟るのであります。親子の情愛でも夫婦の愛情でも、友達の情誼《じょうぎ》でも、その人自身に感じ、味わうより外に道はないので、その極地は、とても説明の及ぶところではありません。ましてや、この尊き仏法の真理に於ては、我々如き分別妄想《ふんべつもうぞう》の言葉で、云い顕わせると思うのが間違いであります。釈尊ですら、「一切の経文は、月を指す指の如し」と仰せられているので、真理の極地は、実際に言詮不及《ごんせんふきゅう》、意路不到《いろふとう》のところであります。いろいろと云えば云うほど真理に遠ざかり、思えば思うほど、妄想分別となるのみでありま す。故に、此の極地は、各宗各派、いろいろの言葉で説明はしておりますが、それは一種の薬の効能書《こうのうが》きのようなもので、病人にはなんらの役にも立たないのであります。病人は薬そのものを呑《の》んで、始めて病気を全治することが出来るのと同様に、我々お互いも、それらの説明を聞いて、直ちに真理の極地を、その人自身に味わい、真空無相のところを我がものにしなければならぬのであります。

五　妙有に対する説明

真空無相《しんくうむそう》のところを、我がものにしますれば、そこに自由自在の妙用が顕われ、殺活自在《さつかつじざい》の働きを、その場その場に顕わすことが出来るので、それを妙有《みょうう》と申したのであります。この妙有は有《う》相《そう》であります。有相ではありますが、真空無相から出て来た有相でありますから、凡夫迷情の執着する有相とは、大いに違うのであります。我々凡夫の執着する有相であれば、実際に相手のものがあると思って執着するのであります。衣食住に於ける生活上の物質欲にしましても、また男女間に於ける生殖《せいしょく》上の色欲にしましても、共に外部に有相を認めて、あれが着たい、これが食いたい、と思い、立派な家に住まって、美人と生活してみたいと執着するので、これ遍《ひと》えに、客観的に有相の事物を認めて起こす煩悩妄想に過ぎないのであります。しかし今の妙有は、それとは大いに根底が違うので、有相は有相であるけれども、一旦《たん》この真空無相という根底の関門を通過して来ておりますから、いかなるものに出遭っても、根底が動揺しません。真空無相という根底から出る有相であるから、少しも妄念妄想とはならぬのであります。本来が、みな尽《ことごと》く因縁に依って仮りに和合したものであると知って、そのものそのものに心は転ずるけれども、その心が決して一つのところに固定して、執着しないのであります。水の常に流れるが如く、四六時中、朝から晩まで、心は万境《ばんきょう》に随《したが》って転じ、その転ずるところが、真空の妙処で、そのものそのものになり切るところが妙有の実相であります。朝起きて、顔を洗うときには洗う三昧、仏前に手を合わせて拝むときには拝む三昧、朝飯を食べるときには食べる三昧、仕事をするときには仕事三昧、人と応対するときは応対三昧、乃至は親に仕えるときには仕える三昧、君に仕えるときには君に仕える三昧であって、その間に、微塵ばかりも執着妄想のないところを妙有と云うのであります。

六　他力浄土門より妙有を説く

更に、これを他力浄土門《たりきじょうどもん》の方から眺めますると、人生の無常を知り、自己の無力を悟り、この天地宇宙の間、何一つ頼りとするものなき罪悪無智《ざいあくむち》の自分ということに目醒《めざ》めたところ、そこに必然的に、絶対帰依の深心《じんしん》が成立して、如来大悲の親様《おやさま》に縋《すが》る他力信仰が起こるのであります。その他力信仰の結果、恰《あだ》かも母親の温かい懐《ふとこ》ろに抱かれて、微笑を漏《も》らす子供の心と同じように、大悲の親様を信頼し、心から安心し、法悦して、報恩謝徳の行いを実地になすところ、これを妙有の境地と云うのであります。すなわち、一切の総べてを肯定して、喜び、勇んで念仏することを云うのであります。

七　自力聖道門より妙有を説く

もし、これを自力聖道門から説明しますれば、自分自身の悟った真空無相の妙処は、決して釈尊の大悟せられた境地と、少しも相違するものではなく、自分がすなわち仏、この我々の住んでいる娑婆が、そのまま浄土であって、自分のなすこと、することが仏作仏行となって顕われるのであります。故に、少しの妄想分別もあろう道理がなく、自然法爾《じねんほうに》に、力を用いずして、日常の生活が、そのまま、仏の意義ある生活となり、世間万般の事を総べて肯定し、そのところそのところを得て生活して行く無理のない日送りを云うのであります。

八　妙有の実相も説くべからず

かくの如く、他力浄土門からも、自力聖道門からも、妙有の真境実相を説明しましたけれども、しかし、これも前の真空の妙処極地と同じく、実際のところは体験の世界でありまして説くことが出来ません。その人その人が実地に味わって、日常の生活の上に、自由自在の力用を得るより外に道はありません。更に章を改めて、真空にして妙有なる信仰的生活を説くことに致しましょう。

第六章　歓喜の生活

一　否定と肯定との関係

前に述べました如く、真空《しんくう》と妙有《みょうう》とは、深い道理があります。まだ、これを種々なる方面から説明するのでありますが、却って説けば説くほど、実際の真理に遠ざかるのでありますから、まあ此処《ここ》では、この説明はこの位にして置きましょう。要するに、真空は一切を否定したところであり、妙有は一切を肯定したところでありまして、この両者は互いに反対なものではありますが、しかし一切の否定が直ちに一切の肯定となるという真理は、論理上に於ても必然のことと許されております。すなわち、後者を力強く云わんとするためには、先ず前者に否定し尽《つく》して、特に肯定の意義を闡明《せんめい》にするのであります。故に、仏教の根本義は、一切を肯定し、現実の生活を生かすにあるのであります。それを生かすには、始めに一切を無常なり、無力なりと否定し尽《つく》して後、初めて「我この土、安穏《あんのん》にして、天人常に充満す」と云い得られるのであります。

これを他力浄土門から云えば、どうしても、一度は、この人生も、この自己も、一切を否定し尽さねばなりません。一切を悲観し、一切を嫌厭《けんえん》し尽して、そこに始めて、あたらしく建設し、肯定し、大歓喜の生活に入ることが出来るのであります。

人の修養も、それと同じく、始めにこの身を窮地《きゅうち》に陥《おとしい》れ、苦に苦を重ね、涙に涙の修行を続けねばなりません。恰《あだ》かも百獣の王と云われる獅子が、その子供を千丈《せんじょう》の谷底に蹴落《けおと》して、その子供が這い上って来るのを見て育てるというのと同じく、人を一人前のものに仕上げようとするには、やはり、艱難辛苦《かんなんしんく》を始めから嘗《な》めさせなければならぬのであります。故に、自力聖道門に於ては、決してなまぬるい修行ではありません。実に血滴々《けってきてき》の修行であります。始めからグングンと責めつけて、少しの慈悲心もなく、容赦《ようしゃ》せないところに有り難いところがあって、終《つい》に大死一番底の結果、最後に蘇《よ》み返って、思わず手の舞《ま》い、足の踏むところを知らないという大歓喜地《だいかんぎち》に到り達することが出来るのであります。

二　悲観の極地は大歓喜に入る

そして、これらの大歓喜地は、共に仏道修行の極地でありまして、あるいは信心を獲得したとか、御安心を頂いたとか申しております。あるいは大悟《だいご》徹底《てってい》したとか、大事了畢《だいじりょうひつ》したとか申しておりますが、しかし、これ等の大歓喜地は、その境地に到り達した人のみの味わうべき領域でありまして、決して説けるものではありません。故に、今、私が歓喜の生活と申しまして、説明しようと思いますのは、もとより、その領域を説明するのではありません。ただただ仏教信者として、一般的にこの大歓喜地を理想として進まねばならぬことは、云うまでもないことでありますが、しかし、それは理想であります。実際にはなお低いところから、一歩一歩を踏みしめて向上進取しなければならぬのでありますから、ここに更に再吟味《さいぎんみ》しまして、平易に説明しようと思ったのであります。どうか、これに依って、多少でも、仏教信者として実行が出来ましたなら、私の非常に満足とするところであります。

三 歓喜の生活とは何か

歓喜の生活というのは、その日その日の生活を喜んで暮すことであります。少しの不平不満もなく、有り難い、勿体《もったい》ないと、心から感謝して生活することであります。

先ず、これを説明するのに、私は、第一に自分自身に対して深く感ずる必要があろうと思います。云うまでもなく、自分自身は人間であります。人間であるということをほんとうに喜ばねばならぬと思うのであります。仏法では、この人間に生れるということは、容易でないということを教えられております。中峰《ちゅうほう》和尚の『座右銘《ざゆうのめい》』にも、生死事大《しょうじじだい》、無常迅速《むじょうじんそく》、光陰惜《こういんお》しむべし、時、人を待たず、人身《じんしん》受け難《がた》し、今既《いますで》に受く、仏法聞き難し、今既に聞く、この身、今生《こんじょう》に向って度せずんば、更に何れの処に向ってか、この身を度せん。

と云って、大いに戒しめられておりますが、実に天下の名句ではありませんか。釈尊も、お経文の中に、人間界に生れるということは容易なことではない、大地の土の如く多い有情《いきもの》の中に於て、僅《わず》かに爪の上端《うわば》に乗せたる土ほど、人間界に生れるのである、とお示しになっております。故に『菩提和讃《ぼだいわさん》』の中にも、

夫《そ》れ人間の身を受けて　此の世に生れ来る事は
爪《つめ》の上端《うわば》に置ける土　三悪道《なくどう》に堕《お》ち入りて
苦患《くげん》に沈《しず》む輩《ともがら》は　大地の土の如くなり
沈《ま》して尊《とうと》き仏法の　教へに親しく遇《あ》ふ事は
百千劫《ごう》にも有りがたし　斯《か》かる時節《じせつ》を失はず
必ず出離《しゅつり》を求むべし。

と申されております。かくの如く、生れ難い人間界に生れたのであるから、我々お互いは、洵《まこ》とに幸福であると感謝し、一寸《すん》の光陰《こういん》も、空しく過ごしてはならぬのであります。

四　先ず人身を受け得たるを喜べ

また同じ人間に生れても、どこか不自由であったならば、どうでありましょう。盲目でも致方《いたしかた》がないのでありますが、ここに有り難いことには両眼を受け得ております。また耳が不自由でも仕方ないのでありますが、ここに幸いにも、慥《たし》かに両方の耳を受け得ております。また鼻もあり、口もあり、手もあり、足もありまして、実に六根具足《こんぐそく》の此の立派な身体《からだ》を受け得ているということは、何たる幸福であると、ほんとうに、心から喜び、それを無駄に使わぬよう、もっとも意義ある仏の生活を送らねばならぬと思うのであります。

また、この身が病身であっても致し方がないのでありますが、ここに無病健全の身体を受け得て、毎日毎日、自分の思う通りに働けるということを有り難く感謝せねばならぬのであります。いかに百万長者の家に生れても、その身が病身であり、短命であったならば、決して幸福とは云われません。真の幸福は、その人の無病健全ということにあるのであります。

もっとも、人間というものは贅沢《ぜいたく》を云えば際限のないものであります。上を見れば、上に上がありますす。それよりも、自分の境遇に甘んじて、足るを知り、それ満足して、自分だけの働きを、心から喜んで、大いに勤めるということが必要であります。無病息災の身体で、一日大いに働いて、一日平和に送るというところに、真の幸福があり、真の富貴があると信ずるのであります。故に、釈尊も、お経文の中に、「無病は第一の利なり、知足は第一の富なり」と申されておられるではありませんか。

五　次に深く自己の境遇を観察せよ

人間には、それぞれの境遇というものがあります。一様には申されませんが、しかし、その人その人の境遇に甘んじて、多くを求める必要はありません。釈尊もまた、お経文に「求むるあるは、苦の初めなり」と仰せられております。自分の力も知らず、自分の境遇をも顧みず、自分勝手な私慾、栄達を望むというが如きは、それこそ身知らずの人と云わねばならぬのであります。どこまでも、人間には反省が必要であります。曽子《そうし》も「日に三度《たび》、わが身を顧みよ」と申されております が、少なくも日に一度位は、静かに自分の身の上を反省する必要があろうと思います。仏法では、いずれの宗旨でも、禅とか、禅那《ぜんな》とか申しまして、心を一境に落ち付けて修行することになっております。ことに禅宗の如きは、これを専門に修行しているのでありますが、この禅《ぜん》那《な》(Dhyāna）ということは梵語で、常に静慮《じょうりょ》と翻訳しております。すなわち、静かに自身の身の上を慮《おもんぱか》ることで、大いに脚下《きゃくか》を照顧《しょうこ》し、お互いの立場というものを考えることであります。自分が一家の主人であれば、主人らしく、自分が一家の主婦であれば、主婦らしく、その身の立場立場を考えて、進んで行かなければならぬのであります。自分の立場、その境遇というものを顧みずして、ただ無闇に進んだり、他の境遇を羨《うらや》んだりすることは、大いに慎まねばならぬことであります。

私は始めに、自分自身に対して深く感謝せよということを申しましたが、第二に自分自身の境遇に対して、大いに感謝しなければならぬと云うのであります。すなわち、我々お互いが、この日本国に生れたということを喜ばねばなりません。万民衆庶のお蔭《かげ》を蒙《こうむ》って、その日その日が極めて安閑《あんかん》に暮らさせて貰っているという境遇を感謝せねばなりません。これがもし、未開野蛮《みかいやばん》の国に生れたらどうでありましょう。決して安閑無事として日送りの出来るものではありません。内には野盗匪賊《やとうひぞく》が横行《おうこう》し、外には諸外国からの侮辱を受けて、とても家財を積み、子弟を養うというようなことは出来ないのでありますが、幸いにも我々お互いは、この文明国たる日本国に生れたということは、この上もない境遇であると心から喜ばねばならぬのであります。

そして、その人その人には郷土というものがありましょう。また、その人その人には一定の職業というものがありましょう。故に、愛郷心というものがなくてはなりません。その人の村を愛する、その人の隣人を愛するということは、もちろんのことであると同時に、また、その人の職業を愛し、忠実に、その職業に殉《じゅん》ずる覚悟がなくてはならぬのであります。もしそれ、自分の職業を愛せないようなものならば、どうして真面目に、その日を送ることが出来ましょうや。

六　山崎闇斎先生の三楽

山崎闇斎《あんさい》先生は、常に申されたという話であります。それは「余に三楽あり、一には人と生れしを楽しむ、二には儒者《じゅしゃ》に生れしを楽しむ、三には貧家に生れしを楽しむ」と申されたということでありますが、実に深く考えさせられる言葉ではありませんか。第一には、人間というものに生れたということを喜ぶことであります。第二には、その人の職業を、この上もない職分であると喜ぶことであります。儒者の家に生れ、聖賢君子の書を読んで、千載《さい》の下に、なお良く孔孟《こうもう》と語れることの出来るということは、何たる幸福でありましょう。これがもし、百姓の家であるならば、人の糧《かて》を作るということを喜び、大工の家であるならば、人の落ち付くべき家を作るということを喜ぶというように、その人その人の職分に甘んじ、大いに身も心も、その魂までも打ち込んで、働くということが必要であろうと思います。第三には、貧家に生れたということを喜ぶということは、これはもっとも尊いことで、人は総べてその幸福を望むものであります。富貴の家に生れれば、先ず幸福であると思うけれども、その実は、決して富貴の家に生れたからとて、幸福とは限らないのであります。それよりも寧ろ、貧家に生れ、大いに発憤《はっぷん》して、真に裸一貫から積み上げた自分の力で、その人その人の職分を、立派に果すところに、ほんとうの意義ある生活が出来ると思うのであります。故に、どこまでも、他の富貴幸福を羨む心があってはなりません。それよりも、自分の力に依って、自分の進路を開拓し、大いに艱難辛苦《かんなんしんく》した結果、そこに、ほんとうの幸福を産み出さなければならぬのであります。

第七章　感謝と報恩

一　歓喜と感謝

歓喜の生活ということは、第一には自分自身に対して深く感じ、人間として生れたということを喜ぶのであります。五体を完全に受け得たことを、心から歓喜することであります。第二には自分自身の境遇に対して深く感じ、現在の自分自身の境遇を有り難く感ずることであります。他の境遇を羨《うらや》む必要はありません。その人その人の境遇の良きにつけ悪しきにつけ、その尽《ことごと》くを喜んで、ますます自分の職分を守り、自分のあらぬ力を注いで働くことでありますが、しかし、これが容易に出来る訳のものではありません。理想は甚だ結構なことを申しましても、これが実地に行われなくては、何の役にも立ちません。

もし、その人が、真に信仰に目醒《めざ》め、安心の境地を手に入れている人であるならば、それは易《い》易《い》たる問題で、日常の生活そのままが、仏の意義ある生活となり、いわゆる威儀《いぎ》即仏法《そくぶっぽう》、作《さ》法即《ほうそく》宗旨《しゅうし》ということになりまして、一挙手、一投足が、実に立派な行為となって顕われるでありましょうが、悲しいことには、一般的の人にこれを望んでも、到底、出来ることではありません。故に、初一歩から、その身を感じ、その身の境遇を深く感じて、そこに感謝の念を持たなければならぬというので、私は更に四恩のお話を致そうと思うのであります。

二　四恩の説明

仏法では常に四恩ということを申しております。この四恩の数え方には、多少の相違がありますが、要するに、いろいろの御恩を四種に纏《まと》めただけのことであります。すなわち、第一に**天地の御恩**、第二に**国王の御恩**、第三に**父母の御恩**、第四に**衆生の御恩**を云うのであります。また『心地観経《しんじかんぎょう》』などには、天地の御恩の代りに三宝の御恩を加えております。

先ず我々が天地自然より受ける御恩は、余りに広大無辺でありますから、平素は忘れておりますが、五穀の取れるのも、果実の取れるのも、**天地の御恩**であります、あるいは晴れたり、あるいは雨降りとなり、あるいは風も吹くというように、天地自然の道理は、我々お互いを恵んでくれるのであります。あるいは春となり、夏となり、乃至は冬となるのも、天地自然の道理であって、その間の変化のために受ける御恩は、実に広大無辺でありまして、我々は、それを何とも思わないけれども、深く感ずれば感ずるほど、その御恩の有り難さを思わずにはおられないのであります。ただ余りに広大無辺であるがために、平素は忘れて、それを感ぜぬというのであります。

また国王の御恩も同じく広大無辺であります。我々お互いが、安閑《あんかん》とその日の送れるのは、社会の秩序が立っているからであります。また父母の御恩も広大無辺でありまして、今更ここで私が申すまでもありません。また衆生の御恩も同じく広大無辺であります。すなわち、社会の人々は申すに及ばず、牛とか馬とかというものからも受けておるのであります。我々お互いが、常に衣食住の上に、何不自由なく暮さして貰っているのはみな是れらから恩恵を受けているからであります。

三　報恩謝徳の生活

このように我々お互いは、天地宇宙の間、ありとあらゆるものから、広大無辺の御恩を受けているのでありますから、その御恩を忘れてはならぬのであります。また決して、現在のみについて云うのではありません。我々お互いは、過去に於ける天地、過去に於ける帝王、祖先、社会の人人からも、広大無辺の御恩を受け得ているのでありますから、我々は、それを深く心から感じなければならぬのであります。それを感じた人にして、初めて平素の生活が意義ある御仏の生活となって送れるのであります。一粒の御飯を頂くときにも、真に「一粒米《りゅうべい》、重きこと須弥山《しゅみせん》の如し」

という尊さを感ずるのであります。一枚の着物を着かえるにも「衣更《が》え、みずから織らぬ罪深し」という真剣な態度に出られ、有り難い、勿体ないという感謝の念に依って、その日その日が、ほんとうに御仏の意義ある生活となって顕われるのであります。

人は、ウッカリと暮せば、何事でも無意味なものになるものでありますが、心から感じて、総べてのものに有り難い、勿体ないという思いで暮しましたならば、決して、ものを粗末にするものではありません。丁寧に、心から取り扱い、総べてのものを殺さず、そのものそのものを活かして使うようになるものであります。殺すとか活《い》かすとかいう言葉は、何だか生物のみに限るように思われますが、決して、そうではありません。時間を無駄に使えば、時間を殺すことになり、物を粗末に使えば、物を殺すことになるのであります。故に、古人も「世界の有りとあらゆるものは、「尽《ことごと》く御仏の尊き御命である」と申されておりますが、我々は、その尊き御命を殺さぬよう、そのものそのものの充分なる働きを利用して、活《い》かすように考えねばなりません。それが真に仏教信者として、報恩謝徳の生活に入ったものと云い得られるのであります。

四　報恩の行為と真空の妙処

もとより始めから、有り難い、勿体《もったい》ないという真底からの信仰心は起こるものではありませんが、漸次《ぜんじ》に、この境地に入るように力《つと》めねばなりませんので、それには、前に申しました通り、自分自身というもの、及び自分自身の境遇というものを顧みて、常に喜ぶのであります。喜びは必ず感謝の念となり、常に有り難い、勿体《もったい》ないと云って暮せるものであります。

そして、感謝すると同時に、更に進んで、少しでもその広大無辺の御恩に報いるという態度に出なければなりません。すなわち、仏恩報謝の思いを以って、社会に奉仕することであります。それが漸次《ぜんじ》に進み、ほんとうに、心から仏恩報謝《ぶつおんほうしゃ》の生活が出来ますならば、そこに自分という小さなものを忘れて、村のためとか郡のためとか、更に大きく云えば、国家のためとか、全人類のためとかというものの心と一体となって、大いに働くということが必要でありましょう。そして、その働きを宗教的に云えば、もとより小なる自分自身というものを眼中に置かず、また誰れのために働いておるというような念頭も更になく、真に働いているために働くという無条件的態度に出なければなりません。これを常に云う「終日働いて、しかも働きしことを忘る」という立派な行為と申しまして、これが総べての行為の完成せられた形とでも云うべきでしょう。故に仏法では、これを大乗の菩薩道と云い、各宗各派の理想の境地も、これに外ならぬのであります。

自分が社会のために働いたとか、国家のために、これだけの功績を残したとかいうようなことを認めては、折角の善事も、善事としての価値は薄いのであります。すなわち、仏法では有漏《うろ》の善とか、世間的の善とか、あるいは有心の善とか、有所得の善とか申しまして、まだ最上の善とは名づけぬのであります。真に最上の善と云わるべきものは、善事をなして善事を忘れるのであります。善とか悪とかという相対的差別の考えを持たずして、真に働くべきときには働くのであります。仕《つか》えるべきときには仕えるのみであります。他に心を振らず、一心一向《こう》に、その仕事三昧になって、しかも仕事をしているという心もなく、無心に働き、無所得に仕事を終ることであります。決して、こうしたとか、ああしたとかという分別の念は、少しもないところを無漏《むろ》の善と云い、出世間の善と云うので、その実は善というような相対的の名称で呼ぶことすら許さないのであります。

かくの如き行為になれば、もはや、歓喜とか、感謝とか、報恩とかいうべき念頭さえもないところで、ほんとうに真空《しんくう》の世界に入った人、大悟の妙境界《みょうきょうがい》を悟った人と云い得られるのであります。しかして、かかる人にして始めて、世間万般のあらゆることに対《たい》して、無心《むしん》に活動が続けられ、無縁《むえん》にあらゆるものに応《おう》じて、自由自在に妙有《みょうう》の行為《こうい》が顕《あら》われるものであります。これを釈尊《しゃくそん》は、お経文《きょうもん》の上に「応《まさ》に住《じゅう》すところなくして、しかもその心生《しんしょう》ずべし」とか、あるいは「無《む》住《じゅう》の本《もと》より、一切《さい》の法《ほう》を生《しょう》ず」とお示しになったのであります。

第八章　懺悔と合掌

一　人には利鈍あり

私は幾度《いくたび》となく信仰の径路《けいろ》を述《の》べました。信仰に入るべき道程の型を申しましたが、これは決して万人が万人に一様《よう》に勧《すす》めるのではありません。もとより機根《きこん》は万差《まんざ》でありまして、いろいろに差別《しゃべつ》せられておりますから、その人その人に依って、自分の進むべき信仰の道程を作ったならば良《よ》ろしい。あえて私が今まで申しました道程に依らなければならぬという理窟《りくつ》はありません。その良ろしきに従って進んで行くべきであります。

人には利鈍があり、また四囲の事情があります。それがため、自力聖道門《じりきしょうどうもん》の好きな人もありましょう、また他力浄土門《たりきじょうどもん》の好《す》きなお方《かた》もありましょう。決《けっ》して自力《じりき》が難行であり、他力が易行《いぎょう》ということに定まってはおりません。

その人の根機に依って、易行門と思われることも、案外にむずかしい行となるのであります。また、その反対に、難行門と思われることも、その人の機根に依って、非常に手易《たやす》く成し遂げられるものでありますから、先ず第一に、自分に適応した法門に従って、信仰の極地に達するということが肝要であります。

そして私は、今までに於て、述べた大要を摘《つま》んで申しまするならば、始めに入信の関門として、人生の無常を知り、自己の運命を悟って、宗教的要求を起こせということを申しました。そして次ぎに、この宗教的要求に応じて、真空妙有《しんくうみょうう》の境地に到り達する道理を、あるいは他力浄土門より、あるいは自力聖道門より述べましたが、これは要するにむずかしい理窟であって、実際の妙処《みょうじょ》は、この境地に到り達した人のみの味わうべき領域で、説明の出来る範囲のものではないということを述べました。そして、その境地は仏法の御安心と云われ、大悟《だいご》徹底《てってい》と云われるところで、実に大歓喜の極地であるということを申しましたが、しかし、我々一般の仏教信者では、容易に到り達することが出来ないから、更に歓喜の生活を目標として平易に説明し、通俗的に歩を進めて見ようと思いまして、先ず現在の自身というものを深く感じ、立派な五体を具えているということを喜ばねばならぬと申しました。それから更に、自分自身の境遇を顧みて、大いに喜び、その境遇に応じて感謝することを述べました。そして感謝には、先ず総べてのものから御恩を受けておるということを感ずるので、四恩の大体を述べ、それを感謝するには、総べてに於て報恩的態度を取り、漸次《ぜんじ》に向上進展して、真に国家のため、社会のために働いて、しかも無心に働くというのが、仏教の妙処たる真空妙有《しんくうみょうう》であるということを述べたのであります。

二　仏道修行の道程

しかし、以上は仏教信者に対して、一般的に一様の道程の型を示しましたので、その極地はやはり無型の境地に到り達しなければなりません。それは決して仏道修行の道程のみに限らず、世間万般の事が、みな始めは一定の型を作って漸次《ぜんじ》に進み、その型を破っては、更に自分自身の型を作り出し、それに依って、また進んでは、終《つい》に無型の妙処に到り達し、自由自在に働いて行けるように進んで行かなければならぬのと同じく、この仏道修行の道理も、幾度か目標を立てては、それに進み、進め終れば、更に目標を立てて、また進むというように、第一段、第二段、第三段と、漸次に向上して、無型の妙処に達し、行くとして可《か》ならざるはなく、語るとして法に背かず、思うことそのままが、無心に苦もなく片付けられるところに行かなければならぬのであります。恰《あだ》かも鳥の自由自在に、空中を飛ぶが如く、魚の活潑々地《かっぱっぱっち》に、水中を行くが如くに、我々お互いも、日常の生活が、何等の屈託心《くったくしん》なく、その場その場を自由自在に切り廻わして行けたならば、それが実際に信仰的生活に入り、解脱の妙処を手に入れた人と云い得られるのであります。

三　ハルトマンの最高理想

ハルトマンという哲学者は、人間の価値の高まり行く次第を三段に別けて考えたということであります。第一段が自然態《しぜんたい》、第二段が道徳態《どうとくたい》、第三段が超道徳態《ちょうどうとくたい》でありまして、しかも此の超道徳態を以って、初めて人間の価値の最高理想が実現せられたところと云ったと申しております。(Varlmann Ethische Ttudien. 1893) 今これを仏道修行の道程に当てはめて見ますと、第一段は、まだなんらの修行も加えない素凡夫《すぼんぶ》の境地であります。ただ利欲のために追い廻わされておる時の心でありますが、第二段になれば、道徳ということを考えるのであります。世間的の善と云わるべき行為をなすことであります。譬《たと》えば、人間たるものは、かくの如き行為をしなければならぬと云って、型を立て、有心《うしん》に行う時を指したものでありましょう。第三段は、もはや道徳を超越して、一定の型を脱し、善とか、悪とかという相対的差別の観念なく、無心に生活して行くところ、これを絶対的無功用の解脱の妙境界と云い得られるでありましょう。

四　我等の平素の行状

かくの如く、仏道修行の道程を大体に述べ終りましたが、しかし、これは容易なことではありません。理想としましては、もとより此処に目をつけ、目標としなければなりませんが、足を一歩一歩踏みしめて行くには、先ず手近いところから進めて行かなければなりません。

実に、我々平素の行状から考えて見ますと、とても仏作仏行の出来るものではありません。それは「能《あた》わざるに非ずせざるなり」と云って見たところが、実際に出来ないのであります。しばらく、私自身のみについて考えて見ましても、容易に最高理想どころではなく、手近い日常の万般が、常に煩悩妄想に依って、その日の生活を送っているのであります。「これではならぬ」「これではならぬ」と自ら反省し、自制しながらも、罪業の生活のみであります。もしそれその胸中を鏡に写して見たならば、どんなものでありましょうか、恐らくは、自分ながら驚いて、ジッと見つめていることは出来ないでありましょう。我々の心は、常に妄念妄想の走馬灯《そうまとう》、貪瞋痴《とんじんち》慢疑《まんぎ》の発動機と云うべきものでありましょう。

五　懺悔の法門を説かねばならぬ

ここに於て、私は、余りに自分自身の罪業の深きに鑑《かんが》みて、是非とも懺悔《さんげ》の法門を説かずにはおれないのであります。しかし、この懺悔の法門と申しましても、なかなか複雑なものでありますが、今は、むずかしい懺悔の儀式とか、懺悔の罪とかを微細《みさい》に述べようとするのではありません。ただただ自分自身の造った罪業は、実に無始已来《むしいらい》の罪業でありまして、とても懺悔などを致して見ても、消滅するものではないが、ほんとうに心から、消滅するとか、消滅せぬとかというようなことを毛頭思わず、只管《ひたすら》、無心の境地に入って、懺悔のために懺悔するという態度で、懺悔しなければなりません。少しでも、懺悔する自分自身とか、懺悔の罪とか、懺悔したと思うような念頭がありましたなら、それは、ほんとうの懺悔ではありません。有心《うしん》の懺悔と云い、有相《うそう》の懺悔と云い、ただ形式的に懺悔をしたと云うに過ぎないので、寧ろ妄想を加え、罪業を重ねたと云うものでありましょう。前篇の終りにも申しました如く、ただ自分自身に反省して、実に罪業深き「無懺無愧《むざんむぎ》のこの身」であるということを痛感すれば良いのであります。

けれども、我々には、この懺悔さえ満足に出来るものではありません。実に度し難き自分自身を見出すのでありますが、しかし、これを度し難しと云って自暴自棄《じぼうじき》の態度を取らず、この世は申すに及ばず、生々世々《しょうじょうせせ》、尽未来際《じんみらいさい》、この駑馬《どば》に鞭《むち》打って、合掌し、自分自身の罪業を懺悔すると共に、新たに向上心を奮起《ふんき》しては、諸仏諸菩薩を始め、諸天善神《しょてんぜんじん》を伏し拝み、その威神力《いじんりき》を蒙《こうむ》っては、最高理想の境地に到り達するようにしなければならぬのであります。

六　合掌の当処そのまま御仏

ここに至りて、最後に、我々は合掌しなければならぬ、ほんとうに、心から合掌して、御仏を拝み、御仏のお心に通じて、自分自身の此の罪業深重《ざいごうじんじゅう》の身の上に、御仏の尊きお心を見出さねばなりません。すなわち、自分自身が直ちに御仏、この住んでおる娑婆世界が直ちに極楽浄土となるよう、常に精進努力を続けなければならぬと申すのであります。生々世々、尽未来際の修行であって、非常に長い精進努力のように思われますけれど、その実は、我々現前の合掌の姿、ほんとうに、心から御仏を拝んでおるところに、修行の効果は顕われ、それを外にして御仏のお姿がある訳のものでもなく、最高理想の境地も、畢竟《ひっきょう》、それであると思えば、現前《げんぜん》の一挙手《きょしゅ》、一投足《とうそく》が、そのまま、合掌の心で起居動作《ききょどうさ》しなければならぬと思うのであります。ただ我々は、凡夫の悲しさに、つねに永続しないのであります。御仏を伏し拝んでいる時だけ、暫《しばら》くの間の御仏に過ぎぬのでありますが、これをどこまでも永続させねばなりません。いかなる場合に於ても合掌の心となり、御仏と我れとが一体無二となって、行住坐臥《ぎょうじゅうざが》の尽《ことごと》くが、尊き御仏の意義ある生活とならなければならぬのであります。

著者略歴　伊藤古鑑《いとうこかん》

明治23年（1890）～昭和47年（1972）。天竜寺僧堂に掛搭して禅道を修行。美濃尼衆学林々長，正眼短大講師，花園大学教授・同名誉教授を歴任。普救寺（岐阜県山県郡高富町）住職。著書に『禅宗日課経新釈』『金剛経講話』『臨済』『公案禅話』他多数あり。『大般若経』六百巻の写経も14年間をかけて成就する。

合掌と念珠の話—仏教信仰入門—　改訂新版

昭和55年1月10日1刷©
平成7年4月20日9刷

著者　伊藤古鑑
発行者　石原大道
印刷所　三協美術印刷株式会社
東京都渋谷区東2-5-36　大泉ビル
発行所　有限会社　大法輪閣
電話（03）5466—1401
振替　00130—8—19